最新 AI・デジタル教育コンテンツ業界大研究

千葉誠一［監修］

まえがき

●コロナ禍で一気に加速した「未来」

企業ＰＲと人材募集を兼ねた本書が発行される頃も残念ながら、依然としてコロナ禍が続いていることだろう。ワクチンの接種によって集団免疫や多数の抗体取得者が発生したとしても、アフターコロナではなくしばらくはウィズコロナで生活していかなければならない。１人ひとりの努力と忍耐が必要な時代である。

様々な「教育のデジタル化＝ＩＣＴを活用した教育」が予測されてきたが、今回のコロナ禍でそれらが一気に加速している。

この本は、大研究シリーズにおいて新規企画であるが、その取材と編集の過程はまさにコロナ禍のまっただ中であり、多くの想定外の事や紆余曲折もあり、発行も延期となり、内容も当初予定したものとはかなり異なるものとなった。

ＡＩ・デジタル教育コンテンツ業界の中で、特需で大きな利益を得た企業もあれば、思うように実績を上げられない企業もあった。そのため、企業の紹介だけでなく、生き残りのために必要なＡＩ・デジタル教育コンテンツとは何かを探る調査がコロナ禍で続く事になった。最終的に業界の方向性はかなり定まってきたように思う。

●コロナ禍で増えたＡＩ・デジタル教育コンテンツ

２０２０年の２月以降（一律ではないが、一応２月以降とした）、コロナ禍による授業のリモート化で教育現場は突然混乱に陥った。特にベテラン講師の比率の高い教育現場では、リモート授業のしくみを作っても、それに対応できる講師が少なかった。これに伴い、ベテラン講師のリモート授業の準備を事務方の職員が行う必要が発生し、時に労働過多となった。コロナ禍で人員が満足に通勤できない状況において、これは大変な事態である。しかし学びを継続しなければ、2つのマイナスが発生するので彼等は必死であった。1つは教育機関としての存在価値の消滅、もう1つは生徒たちの学力の低下である。

2020年2月以降、学校が休校となり、それに伴って地域の学習塾や予備校も休業もしくはオンラインへの切り替えを余儀なくされたが、前年にインフル対策でZoomなどのリモート授業システムを実験的に導入していた所を除いて、多くの教育現場が混乱した。若いスタッフや講師が多い所は比較的問題なく移行できたが、中高年の多い教育現場では、短期間での対応は難しかった。

すでにコロナ禍となって1年が経ち、私たちは多くの教訓を得たし、沢山のAI・デジタル教育コンテンツが新たに生まれた。不慣れだった講師たちも少しずつオンラインのしくみに慣れてきて、授業準備を自分で出来る講師が増えてきている。

●AI・デジタル教育コンテンツの課題

どんな世代のどのようなスキルを持つ講師が使うのか？　生徒たちは何に悩み何を求めているのか？　様々な実証実験を繰り返すことで、教育現場で学習成果を発揮するコンテンツとそうではないコンテンツが取捨選択され、時代遅れのコンテンツが淘汰されていく。つまり、AI・デジタル教育コンテンツ業界では、つねに最新の商品を更新していくという絶対の使命があるのだ。

更新されないコンテンツは一見使いやすそうに見えても、生徒の学習成果が現実的には明確に表示できないか、表示されてもズレていたりする。内容の質だけでなく、そうした成果やズレを現場からの情報を吸い上げて修正していけるかどうかが開発各社に問われている。

直近1年間をみると、各社の人材確保や育成も日ごとに大変になっている。確かに即戦力としての人材の流動化は加速しているが、有能な人材は、待遇の良い企業に応募が集中する傾向がある。しかし、よくみていけば、それぞれの会社に特色ある魅力があり、自分の合った企業を慌てずに選択する必要がありそうだ。

逆に言えば、人材確保のために各社が自社の魅力や特色、今後の方向性についてもっとアピールすべきであるとも言える。また、常識で武装した人材よりも、奇抜な発想を持つ人材の方が全く新しい商品を開発する可能性が高いかもしれない。多彩な人材を採用することで、不透明な時代を生き抜く企業作りができるかもしれないのだ。

●AI・デジタル教育コンテンツの未来

AIプログラミング講座やロボット講座を受講している生徒たちは、将来日本だけでなく世界の最先端のデジタル技術の向上に貢献していくかもしれない。潜在的な能力開発の中で、あらゆる可能性を想定し、これまで以上に生徒の観察や情報交換を密にして、指導しなければならないだろう。

教育現場では、配信されるしくみとしては最新のデジタル技術を採用しているが、その中身は昔ながらのアナログであることが多い。つまり、生身の講師が毎回収録したものを配信したり、オンラインでライブ指導を双方向で行ったりしているのだ。したがって、どれほどしくみが最新になったとしても、教育の中身そのものは人間が携わっていくはずである。

しかし、将来AIっぽいロボットではなく、自分で考える高度なAIロボットが誕生したら、教育現場に人間そのものが要らなくなる可能性も指摘されている。現在辞書的に使われているロボットたちが進化して、ＡＩロボットとして教育現場で活躍する日が、近い将来訪れるのかもしれない。

●健康問題と隣り合わせのデジタル社会

画質がどれほど良くても、長時間パソコンやタブレット、そしてスマホなどの画面を見ていれば、人間の眼に悪影響が及ぶことがわかっている。暗いところで長時間スマホを使って映画を毎日観続けていた女性が次第に視力を落として遂には失明の危機に陥った事例も報告されている。教育ＩＣＴの個学化が進むことは、より多くの生徒が至近距離で明るいテレビの画面を見続けるのと同じことになるのである。

教育現場では、生徒の視聴時間に制限を設けているところも少なくない。今後は眼に優しいデジタル機器の開発が必要であろう。また、すでに眼になんらかの障害を持つ高齢指導者に対しては、強い光を発しない機器で大きな字を使う事も望まれる。

加速度的に使用頻度が高くなっていくデジタル機器について、様々な健康への配慮が必要であり、使い過ぎないようなルール作りや習慣化も望まれる。ニーズの多様化についても、大人用と子ども用のアクセス制限、言葉の配慮など、これまであまり関心の無かった面での工夫や改善も必要であろう。

私たち大人は途中でデジタル社会に突入したが、子どもたちは生まれながらにデジタル世代である。望むと望まないとに関わらず、たとえば家庭内、そして自動車の中でもＡＩ・デジタルがどんどんあふれていく。それを使いこなせなければ生活出来なくなる時代が到来するのだ。私たち大人は未来に生きる子どもたちのためにも、ＡＩ・デジタル教育コンテンツの質の向上を目指す取り組みを継続しなければならない。ここに掲載した各企業は今後も自社のコンテンツの商品ラインナップを広げ、かつ時代の流れに合わせた工夫と改善を継続していくはずである。次回また新たな企業も追加されることは確実であり、引き続きデジタル教育コンテンツ業界の動向に注目したい。

大研究シリーズ　ＡＩ・デジタル教育コンテンツ

Chapter 0

AI・デジタル教育コンテンツの過去・現在・未来

特集

ＡＩ・デジタル教育コンテンツの過去・現在・未来

私たちの生きている世界は、日々電波が飛び交い、監視カメラに囲まれ、車の中ではセンサーに守られ、家の中ではマイコンチップの入った家電や電子機器を便利なものとして当たり前のように使っている。

しかし、元々私たちは裸同然で何万年も何十万年も暮らしていたのではなかったか？

いま盛んに飛び交っている言葉「ＡＩ」とは一体何なのか？

ＡＩとは、「人工知能」（Artificial Intelligence）である。ＡＩは、第二次世界大戦後の１９５６年に誕生して、その後紆余曲折と流行り廃りを経て、現在は最先端のテクノロジーとして注目されている言葉である。

今やビッグデータを活用するためには最先端のＡＩシステムが必要であり、それによって、画期的なビジネスシーンが産まれたり、革新的な教育が実現したりしている。

２０２０年初頭からの新型コロナウィルス感染（以下コロナ禍）の影響で、ビジネスや教育の世界を中心にリモートワークやオンライン授業などが広まっているが、これらは通信インフラにとどまらず、デジタル技術の発展がなければ実現していないものなのである。そして、世界的にも遠隔地同士の会議をリモートで行うことで感染防止につなげたり、

情報処理
るとこだけ！
情報セキュリティ
ネジメント
キスト＆問題集
0年版　橋本祐史
本書の2019年版は，同試験の参考書の中で最も売れました
上No.1!
題も午後問題も，初心者にわかりやすく解説
習に便利な赤いシート付き
問題 全9回分の
PDFファイル付き
で「テキスト＋過去問題集」として使えます！
シリーズ累計
230万部
SE
Excelで学
ビジネスデータ分析の基
ビジネス統計スペシャリスト・エクセル分析ベーシック 対応
場公規、湊宣明、豊田裕貴 著

ネット上でデータを共有して討論したり、新しいコミュニケーションの世界を人間は開きはじめた。

現代の青少年は生まれながらにしてデジタル世代であり、取扱説明書など見なくても、触っただけでデジタル機器を自在に使うことができる。しかし、生まれながらにしてデジタル社会であるからこそ、デジタルやプログラミングが何者なのか全く理解できていない人間も多い。それで登場してきたのがプログラミング教育である。いまプログラミング教育を受けている世代は、もしかしたら将来の全く新たなデジタル社会を創っていくのかもしれない。

それでは、AI・デジタル教育コンテンツの過去から現在、そして未来について一緒に考えていこう。

AI・デジタル教育コンテンツの過去

1968年の映画『2001年宇宙の旅』にAI「HAL9000」が登場

知らない人はまずいないと思われる不朽の名作『2001年宇宙の旅』という映画の中で、「HAL9000」というコンピュータが出演者の一人として、重要な役柄を演じていた。そこで彼は「もし間違いをしたとしたら、それはコンピュータを扱った人間のミスだ」と言い放った。

しかしその後彼は狂ってしまい、誤作動すると予測されたユニットを戻す宇宙飛行士を宇宙の彼方に放り出して殺し、制御不能となった宇宙船の中で、冬眠中の宇宙飛行士数名の生命維持装置を停止させた。

残った船長は「HAL9000」の機能を停止さ

せるが、ちょうどその時目的地である木星に到着し、本当の使命を知る……。

話しはまだまだ続くが、1968年に公開された映画は賛否両論で真二つに割れて、「人間はかつて月で暮らしていたのか?」とか「人類は宇宙人の仕掛けで人間になったのか?」など、様々な議論が日本中で侃々諤々の騒ぎとなった。

アポロ11号の月面着陸

1961年に米国のケネディ大統領が「1960年代の終わりまでに人間を月に着陸させる」という演説は日本人の誰もが知っていたが、それが本当に実現するとは誰も思っていなかった。しかし、1969年7月20日、アームストロング船長らを乗せたアポロ11号が人類初の月着陸を達成し、世界中が感動に沸き返った。残念なことに、ケネディ大統領はアポロ計画がスタートした直後の1963年11月にテキサス州ダラスで暗殺されてしまった。その日は米国から衛星を使った初のカラーテレビの映像が届くことになっていて、日本国民の多くが大統領暗殺の生々しい映像を見てしまった。大統領の死後もアポロ計画は続けられ、まさに60年代の終わりに月着陸を実現したのだ。

かつては漫画チックだったコンピュータ絡みのSF映画も、『2001年宇宙の旅』と『アポロ11号の月面着陸』の後は、かなりリアリティの濃い内容となっていった。この2つの事象が大きく違うのは、『2001年宇宙の旅』がコンピュータの画像作成などではなく手作りの映画であったこと、そして

『アポロ11号の月面着陸』は、最新の大型コンピュータをフルに活用して実現した出来事だったこと。

SFの未来世界はいつか実現される?

ここから私たちは、仮想の世界から現実の世界へと、コンピュータという魔法の機械を使って創造し

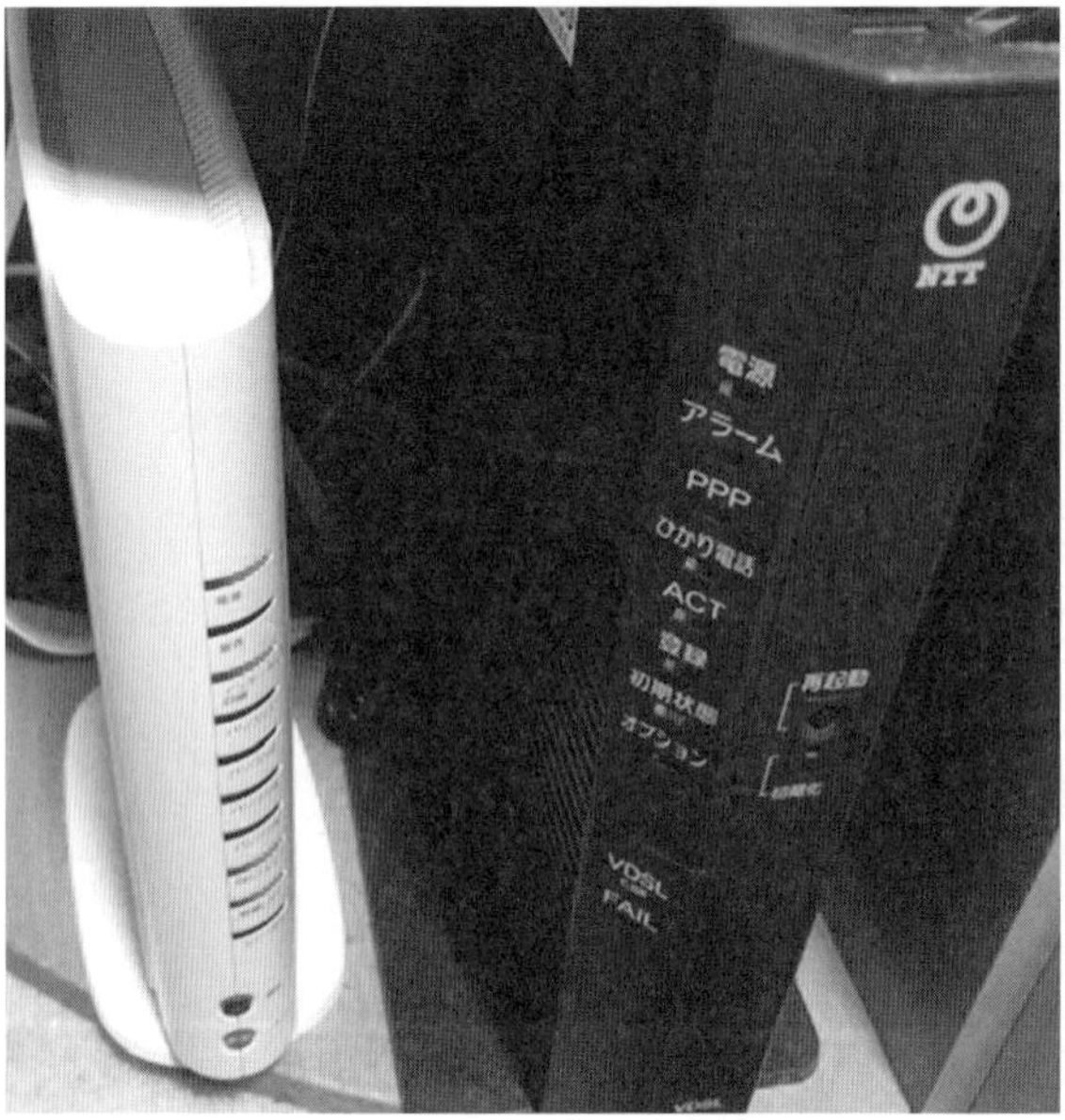

たものを具現化できることを認識したのである。

これ以前に、太平洋戦争末期、原子爆弾が米国で作られる過程で、膨大な計算処理が自動で動く機械でできたらいいのにと考えた科学者が沢山いたが、実際は膨大な数の学生や主婦などの手作業によって原子爆弾完成に必要な計算が行われたのだった。おそらく、このような計算作業を二度としたくないという強い意識がコンピュータを作らせたのかもしれない。

その後90年代の『湾岸戦争』で、ユニットのスケジューリングをするのにＡＩ機能を使い、連絡手段でもあったネットワーク活用がＷＥＢや携帯電話やメールの普及につながったとされる。

ゲームの世界では、すでに90年代に多くのアプリケーション（以下アプリ）が成果をあげて、コンピューターの巨人ＩＢＭは１９９２年に世界チャンピオンに匹敵する実力を持つバックギャモン専用コンピュータ『ＴＤギャモン』を開発し、１９９７年にはＩＢＭのチェス専用コンピュータ『ディープブルー』が世界チャンピオンクラスを打ち負かした。

さらに、同年8月には日本電気（ＮＥＣ）のオセロ専用コンピュータ『ロジステロ』が世界チャンピオンを破った。

１９５０年代に米国ではじまったＡＩ研究は、湾岸戦争で効率さを増して、皮肉なことに米国だけでなく先進諸国での研究が加速した。

Ｇｏｏｇｌｅは車の自動運転に活用するため、ビッグデータを活用した囲碁ＡＩプログラム『アルファ碁』を開発したが、5年計画の途中3年ほどですべての囲碁トッププロを打ち負かすようになった。ディープラーニングとビッグデータ活用によるＡＩプログラムが人間の未来を創っていくことが証明され、各分野でのビッグデータ活用が急速に拡大した。

現在は、先進技術開発だけでなく、私たちの日常生活において、コンピュータ的なものはたくさん使われている。ＩＨ炊飯ジャーや電子レンジなど白物家電だけでなく、自動車やビルのエレベータ、無人の遠隔交通機関などにも活用されている。人間がかつて「こんなのあったらいいな」「こんなふうに使えたら便利なのに」と思ったことが次々と現実化している。

映画の世界、たとえば『バック・トゥ・ザ・フューチャー』1~3シリーズで「未来のもの」として描かれた様々な機械がかなりの数現実化している。3Dムービー・セキュリティ付きのドア・声に反応するテレビ・犬の散歩をするドローン的なもの・ハンドレス&ワイヤレスのビデオゲーム・タブレットPC・ビデオカンファレンス・壁掛けタイプのワイドスクリーンテレビ・靴紐自動調整スニーカーなどなど。残念ながら、空飛ぶ車やタイムマシンなどは実現されていない。

『パッセンジャー』というSF映画は、住めなくなった地球を後にして、5000人を乗せた豪華宇宙船が新たな居住地を目指して宇宙空間を移動する中で起きる人間ドラマ。主人公の男性は120年間の冬眠生活から90年も早く目覚めてしまう。孤独に堪え兼ねて綺麗な女性を冬眠から目覚めさせるが、「機械の誤作動」と言っていた彼の嘘をロボットバーテンダーが暴露、恋仲になっていた二人に大きな亀裂が

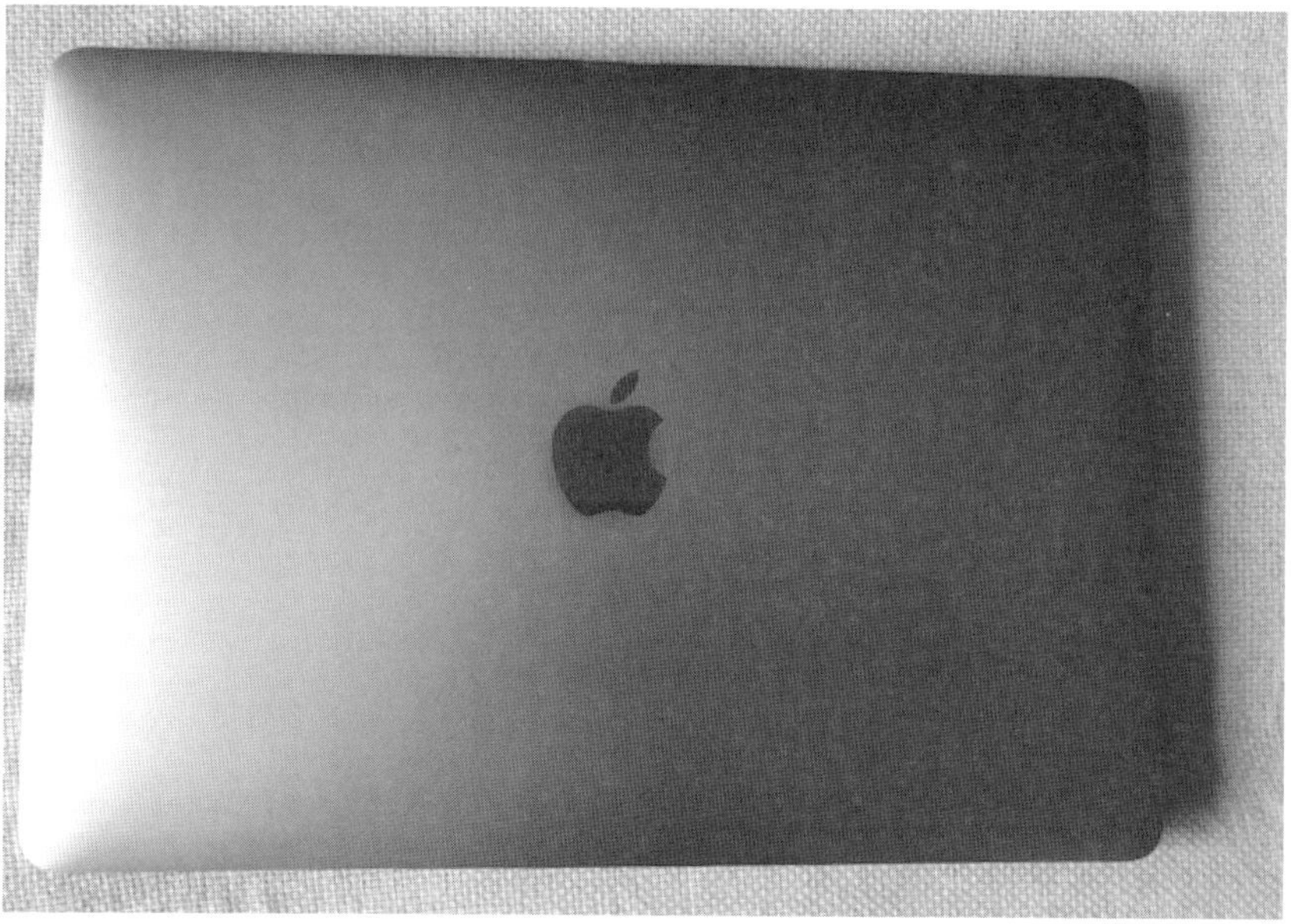

入り……というストーリーだ。口止めしなくてもロボットは彼の秘密を言わないはずだと信じていたのだが、ロボットは平然と真実を彼女に伝えてしまう。その誠実さが人間関係に大きな亀裂を生じさせることなど考えてもいない。ロボットの思考能力、思考の限界について無知だった彼の大きな誤算だったが、最終的には人間同士が解決することになる。もしロボットのプログラムの中に「人間は時に何かを目的に嘘をつく」「人間の秘密は決して言わない」という項目を入れて認識させておけば、このような「事件」は起こらなかったのだろう。

『エイリアン』というシリーズ映画の中で、人間は悪魔のような宇宙人と激闘を繰り広げる。主人公は女性だ。決して人並みはずれて強い女性ではないが、たしかな信念を持っている。神様は決して人間を裏切らないという。人間が信じる神は人間が創造主であり、乗り越えられる試練しか与えないと信じていれば、それほど怖いものはない。しかし未知の生物エイリアンに立ち向かう武器はほとんどがありふれた火器であり鉄のクレーンである。ＳＦ漫画に出てくるようなレーザー銃などはない。あえてアナログで原始的な戦いを描くことで、人間そのものが持つ潜在的な能力を信じるようにしているのかもしれない。

この映画で主人公は自分が乗る宇宙船のコンピュータを「おふくろさん」と呼ぶ。人間が生み出した機械であるのに、一番頼れる存在として母親と位置づけているのだ。これはよく考えれば、将来的に人間が一番頼れる存在がコンピュータになるということを予測しているからなのだろう。肝心なことは、その制御を切った時からはじまる人間としての戦いをどうするかなのである。

ただ、こうした映画や本で描かれた未来について、結果的に多くの場合は具現化されている。したがって、SF映画の内容はいつか現実となると信じている人は世界にたくさんいるはずだ。

米国をはじめ各国で宇宙開発競争が今後も激化していきそうだが、宇宙には無限の鉱物資源がある。しかし、光速で移動する乗り物を開発できない限り、鉱物資源の開拓は太陽系に限られる。衛星や高度な光学機器を使った天体観測もそのための調査・研究であり、資金を集めるために必要不可欠な事業であるといえる。

AIコンピュータの軍事利用の歴史

第二次世界大戦で米国が原子爆弾を開発する時に大量の計算を人海戦術で行ったのだが、この時すでに「自動計算機」的なものを考えて実用化しようという動きがあった。結局、機械をあまり使わずに人的な計算で新型爆弾は完成したのだが、人的だったことで完成までにかなりの時間がかかってしまった。それをより速くするために機械化を目指す研究が進んだことになる。

冷戦では大陸間弾道弾ＩＣＢＭの発射や爆発をスーパーコンピュータで管理する仕組みが出来上がった。映画『ウォーゲーム』は人的な発射ボタンをすべてスーパーコンピュータ管理にしたが、スーパーコンピュータが仮想と現実の区別がつかなくなり、最終的に『三目並べ』をして戦うのが無益であることを悟るというストーリーだった。実際、キュー

バ危機など何度か核戦争の危機はあった。

１９９０年の湾岸戦争では、より高度なコンピュータが活用されるようになり、パトリオットミサイルなど武器の制御にも使われた。電話ではなくコンピュータネットワークやメールで情報共有して戦うメリットが確認されたり、戦闘に使うユニットの効率的な輸送や組み替えなどをコンピュータで行うことが常識化されたりしたのも湾岸戦争であった。これ以後ネットワークやメールの活用は全世界に広がり、人間の生活全般にわたり浸透するようになった。

最近の戦争や戦闘では、無人偵察機や無人爆撃機が使われるようになり、遠隔操作で人的損害なく相手に大きなダメージを与えることができる。戦争に活用するＡＩ的な武器は米国・中国・ロシアなど大国をはじめ世界各国で多額の資金をかけて研究開発されている。

さらに仮想敵国のコンピュータをハッキングしたり、ディープフェイクでなりすましたり、ＳＮＳのボット投稿により世論を操ったりというネット攻撃

も盛んに行われている。北朝鮮の核開発などの軍事資金は、ハッカー軍団が稼いでいるというニュースも耳新しい。仮想通貨などを不法に奪い取り、何億ドルも自国の軍事資金に上積みするのだろう。

山崎正和の『室町記』の冒頭には、「日本史のなかでも、〝室町記〟の二百年ほど、乱れに乱れて、そのくせふしぎに豊穣な文化を産んだ時代はない」と記されている。乱世であればあるほど中央の文化、最新の文化が各地に広まるという意味である。領土問題や宗教戦争、そして国家間の争いなど様々な「乱れ」が世界に存在するが、つねに文化は人々の間に広がり続けている。その象徴は今ＡＩコンピュータでありＳＮＳなのかもしれない。

ＡＩコンピュータは両刃の剣

人工知能ＡＩやデジタル技術はこのように、人間の生活を便利なものにできるものだが、悪用されれば大きなデメリットを世界にもたらすものでもあるという二面性を持ち合わせている。

人間の進化には欠かせないものであり、いまや最も楽しいツールであるコンピュータだが、使い方次第ではどこかの人間を追いつめる魔物になりかねない。

教育の世界では、低学年からプログラミング教育が盛んとなっているが、人類のより良い繁栄に役立つ方向性を維持しなければ、世界は滅亡への近道を進むことになる。それだけ危険な代物がＡＩであり コンピュータなのである。したがって、プログラミング教育は将来人類の発展に寄与する研究者を育むために重要な科目となるだろう。ただし、プログラミング教育の中には、数学や国語だけでなく多様な科目の要素が入っており、狭い視野で取り組んでいては道を間違えることもあり得る。最終的な目的に到達するために必要な履修について、学ぶ者だけでなく指導する側も正確な理解が必要なのである。正しい教育をしていれば、コンピュータを悪用しようとする考えも最小限に抑えられるに違いない。

グラフで見るデジタル化社会と教育ＩＣＴ化

高等学校でのＩＣＴ機器と無線ネットワークの利用状況

２０２０年6月時点で、文科省の調査では、休校期間中の家庭学習に関して１００％の自治体が効率学校で教科書や紙の教材を使用して学習を実施したが、加えて、デジタル教科書やデジタル教材を活用した家庭学習を実施した学校も40％、同時双方向型のオンライン指導を通じた家庭学習を実施した学校も全体の15％あったことが分かった。

しかし、コロナ禍の中急速にデジタル化とオンライン化は普及したが、まだまだ学校での教育ＩＣＴ化の比率は低く、家庭学習も含めて改善とクリアし

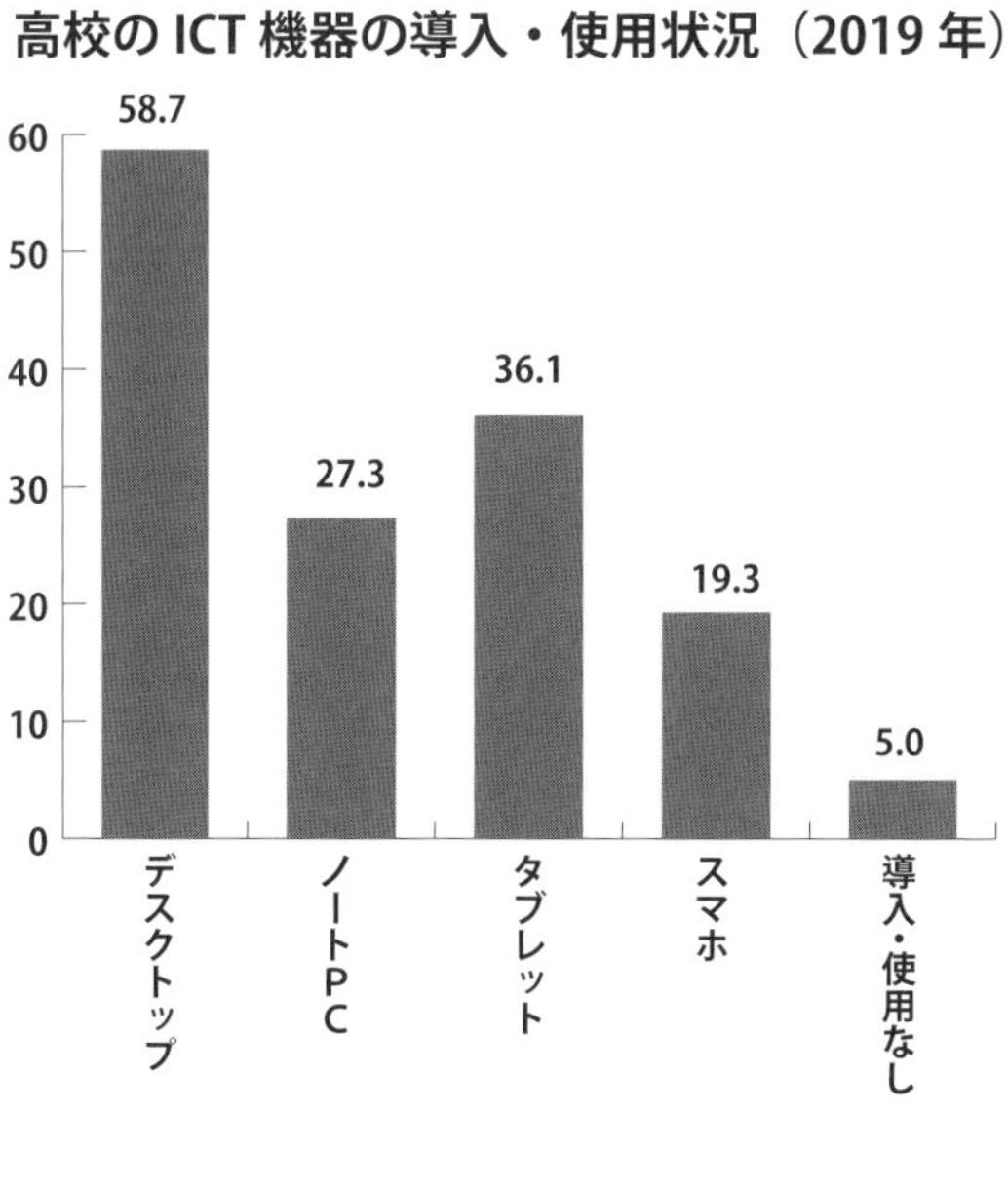

なければならない課題があることも判明した。

文科省と経産省のそれぞれの該当部署を中心に、政府は2020年度から「GIGAスクール構想」により、小中学校で生徒1人1台端末の整備を進め、それに並行して教育ICT化を促進する方向性が決まっている。内容的にはリアルとリモートのハイブ

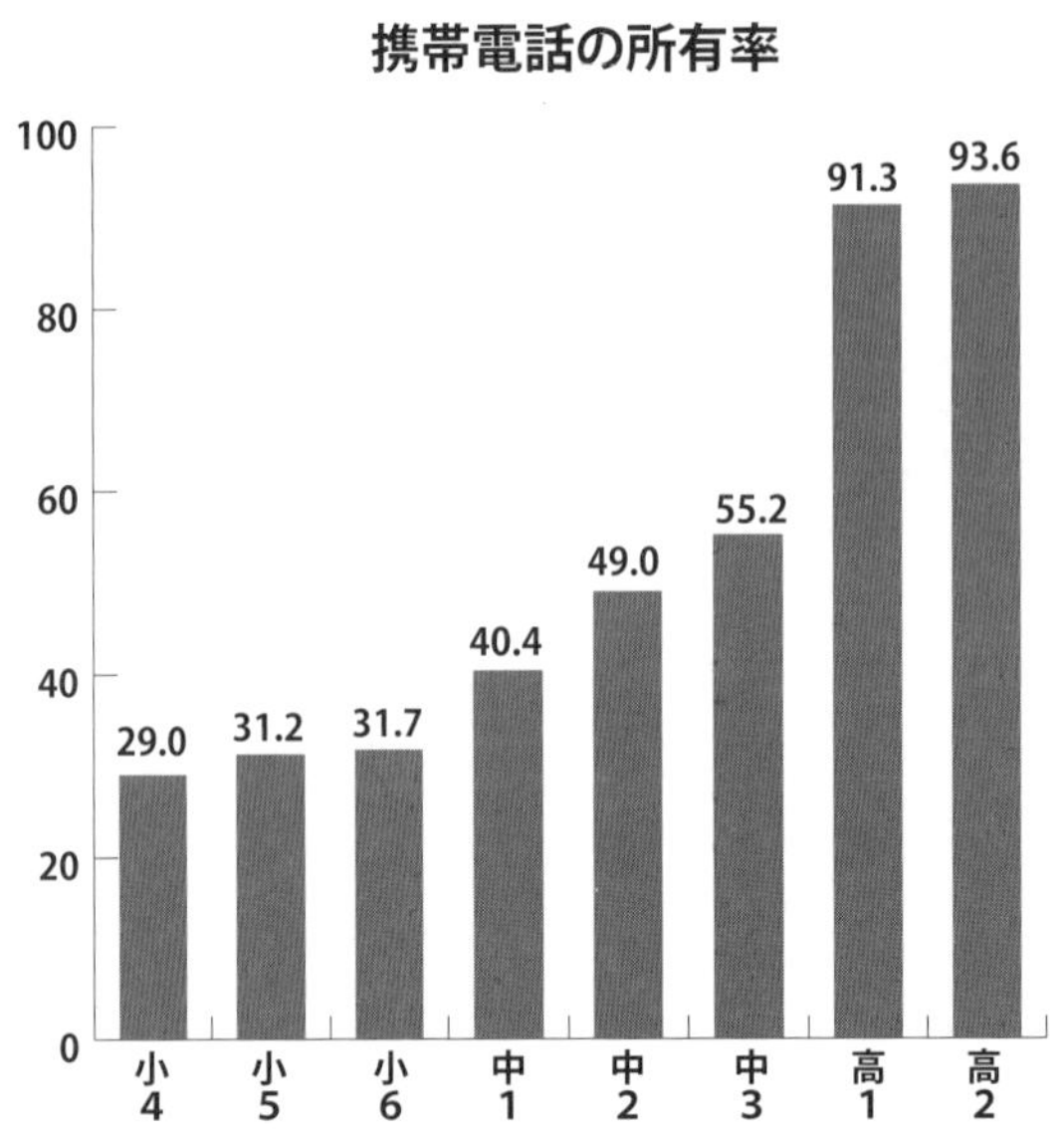

リッド型（二刀流）の学校教育の構築を目指し、ICTの効果的な利用により、個別最適な学びと協働的な学びを実現していくという。
2020年から2021年にかけては、コロナ対策と合わせたICT予算で4600億円以上が計上されており、すでにこの予算でほぼ生徒の端末環境が整備された自治体もある。生徒全員に同じ機能を持つ端末が配備されれば、コロナ禍で通学が厳しくなっても学校がオンラインのリモート授業を実施する事が容易になる。
しかし今後教科ごとのICTの活用法などの改善も必要であり、デジタル教材の取捨選択や実証実験も不可欠だ。特にデジタル教科書は過渡期にあり、2020年は小学校で305点のうち94％にあたる287点がデジタル教科書、中学校では145点のうち95％の138点がデジタル教科書となっているが、全国的にデジタル教科書を導入した学校は全体の20％にも満たなかった。現在教科書は無償配布されており、今後デジタル教科書を導入するためには費用負担をどうするかという解決すべき新たな問題

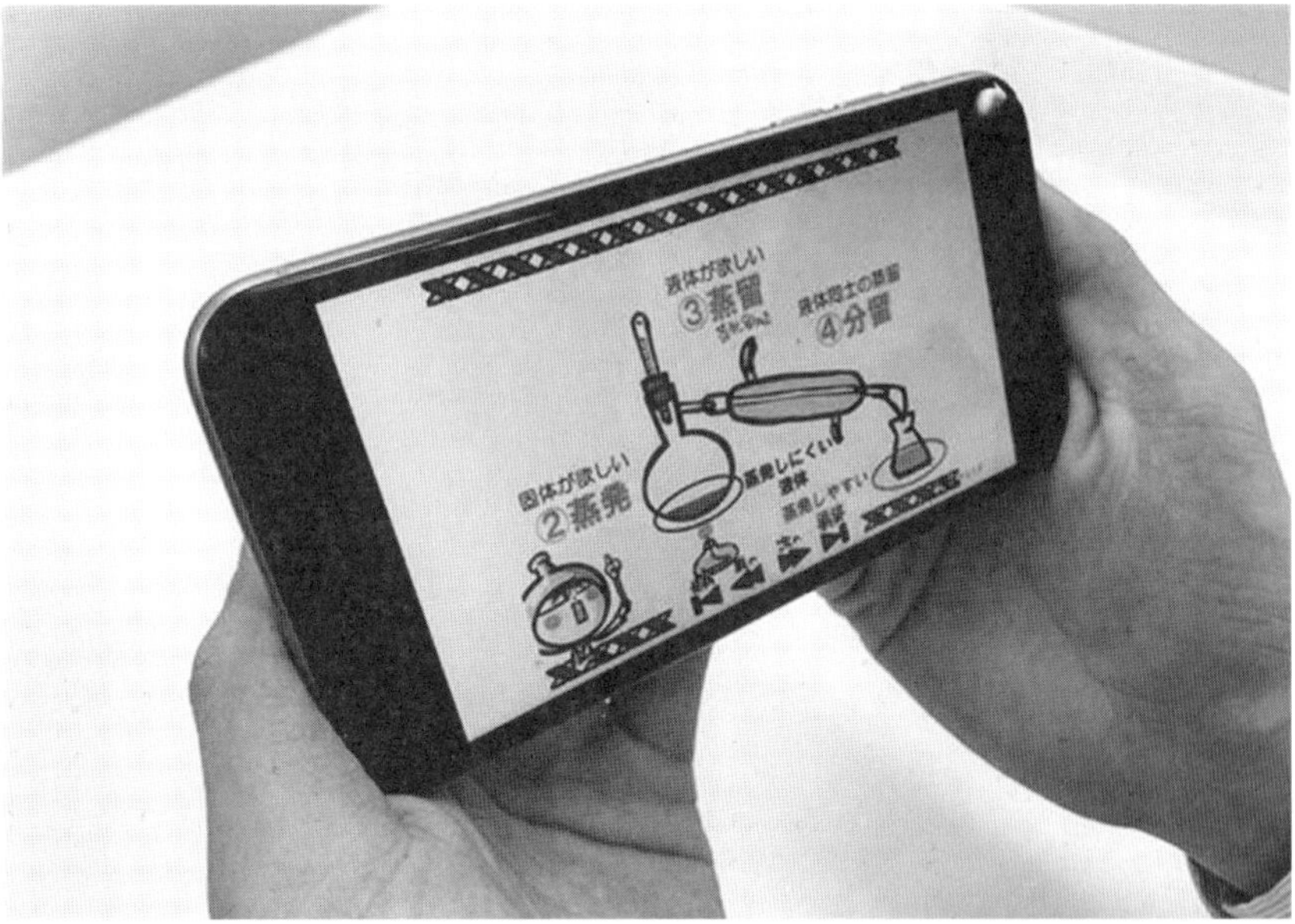

子供が自宅学習で
デジタル活用しているかどうか？

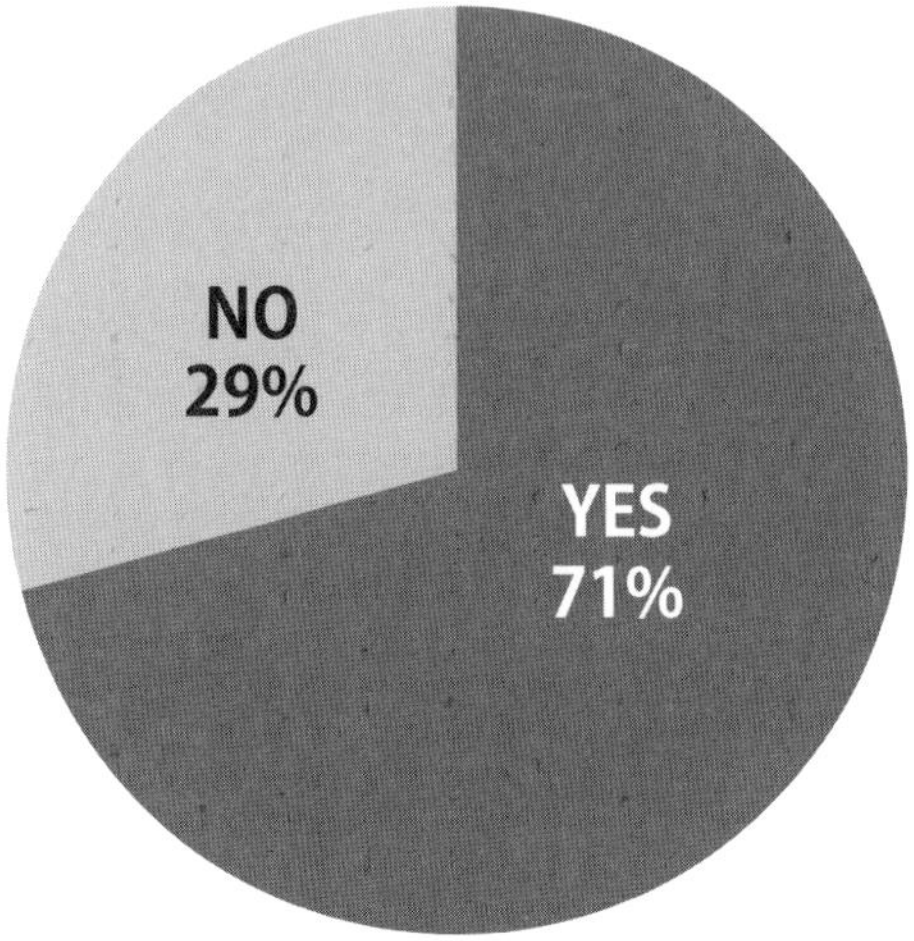

も生まれてくる。

　今後デジタル教科書の「実証事例」が出てくれば、導入事例も増えてどこかで一気に普及が拡大すると予想される。過去に早期にパソコンを導入して失敗した事例もあり、成功事例を確認してからの導入にしている学校が多いことは確かである。

AI・デジタル教育コンテンツの現在

1 教育分野での変化

新しい科目として「プログラミング」が導入され、全国の学校や塾で「プログラミング講座」が行われている。未就学児が行っている積み木やレゴ、小学生が行っているロボットなど、いきなりタブレットやパソコンを使うのではなく、まず並べ方を繰り返し練習し、どう並べたらどう動くのかを体験する。かつて大学の理工学部に入った学生たちが行っていたプログラム言語の学習と同じような基礎学習である。

塾の中には複数のロボットを一人の先生が遠隔操作し、生徒指導における学習データの管理や弱点分野や不得意科目の克服に活かしているところがある。ロボットは辞書の役目もするので、今後は単価の高い医学歯学予備校などで活用が進む可能性も高い。

AIが東大の入試問題に挑戦するプロジェクトも行われたが、東大合格とはいかず、私立大学の合格レベルに留まっている。ネックとなったのはやはり記述式問題の解答だったようだが、さらに進化すれば将来的に東大合格レベルまで到達するかもしれない。現在のAIの進化はそれを予感させるほどスピードが加速しているのだ。

難関大学や難関私立中高に合格した生徒のノートを大量に収集してデータ化し、それを解析することで、「より合格に近づけるノートの書き方はこれだ」と提案できる時代が到来した。ネットを活用すれば、在宅したまま容易に、生徒だけでなく、よりたくさん合格させた塾の講師の指導ノートを生徒に開示したり、生徒同士の交換ノートだけでなく講師同士の交換ノートで高度な情報共有をしたりできる。これまでは考えられなかった情報共有による合格率のアップが容易に実現できるのだ。

こういったことはまさにアナログとデジタルの融合の進化といえる。今後はこうした内容が刷り込まれた教育アプリが生まれていくかもしれない。生徒は誰かが見つけた合格率の高い学習法を商品として購入できるかもしれないのである。将来、学校も塾

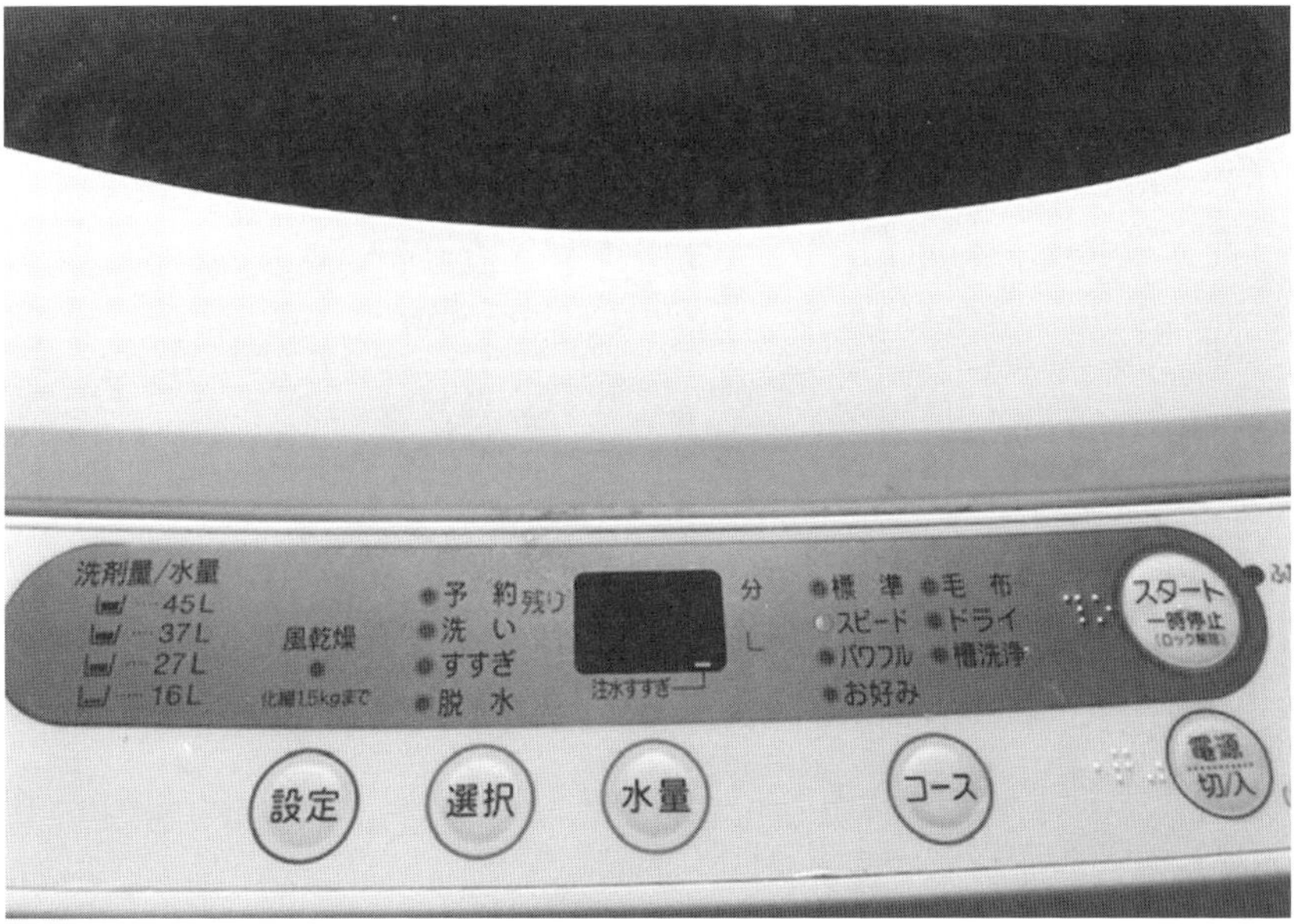
洗剤量/水量
45L
37L
27L
16L
風乾燥
化繊1.5kgまで
予約
洗い
すすぎ
脱水
残り
分
L
注水すすぎ
標準
毛布
スピード
ドライ
パワフル
槽洗浄
お好み
スタート
一時停止
電源
切/入
設定
選択
水量
コース

通信ボックス
エラー

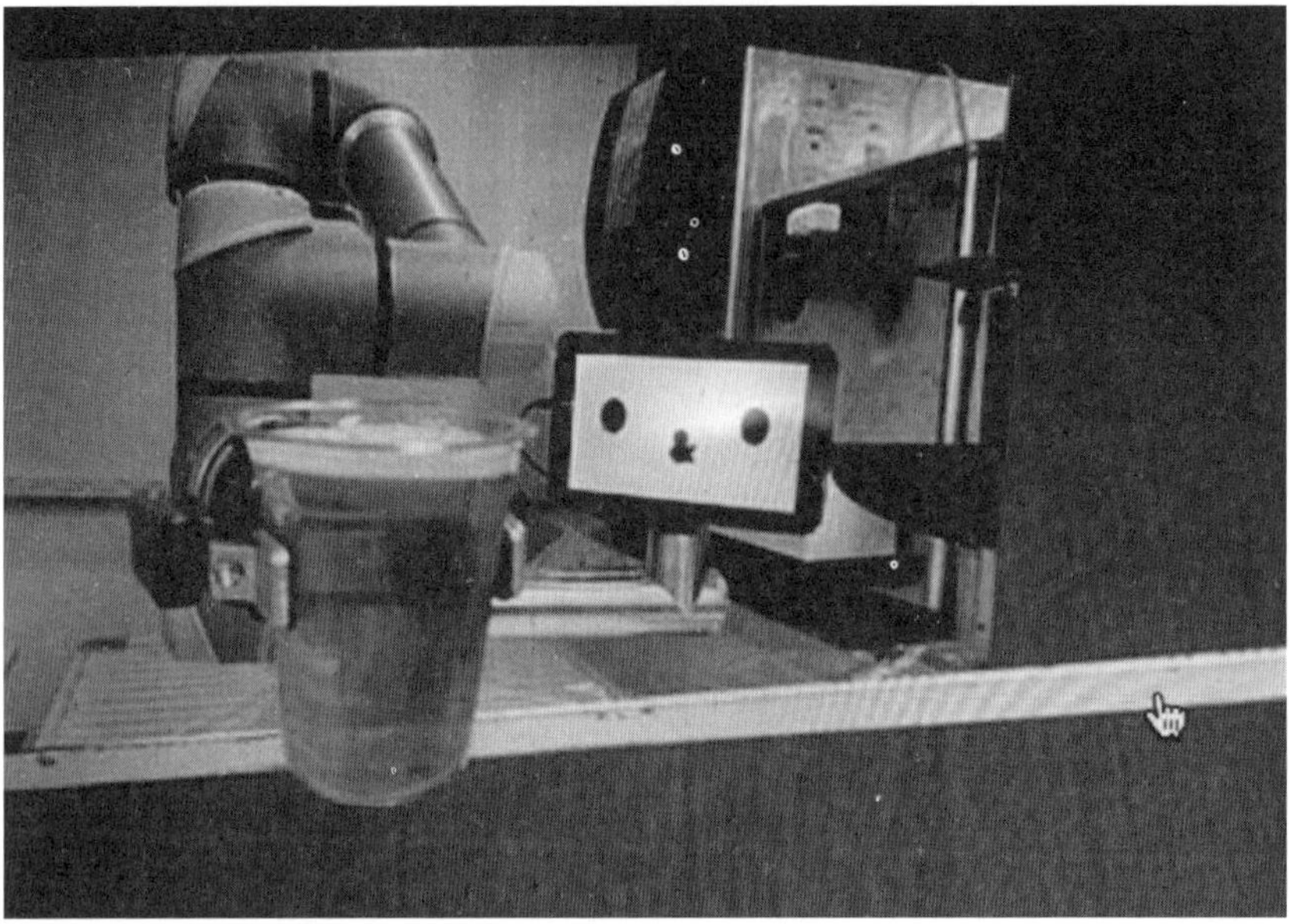

も不要になる時代が来るのかもしれない。もちろん先生はＡＩである。

愛知県の野田塾は生徒の学習効率を高めるため「ｎｐａｄ」を導入したが、当初最も成果が出たのは、紙の節約であり、それによる在庫管理の倉庫の不要と運送費の節約などであったという。月に数千万円も節約出来た要因は、教材やテスト、そして返却答案や解説のデジタル化である。この成果は全国の塾に広まり、塾側が全生徒に「ｎＰａｄ」無料貸し出ししたり、教材のデジタル化や授業の映像化を進めてダータ化したりしている。やはりひとつの成功事例がデジタル化や教育ＩＣＴを加速されるのだ。さらにコロナ禍により、オンライン授業や映像配信の必要性が急増して、デジタル教育コンテンツも急速に増えている。

英語のアプリでは、ネイティブが模範を示し、それを真似て録音したものをＡＩが瞬時に評価して採点を出してくれるという仕組みも生まれている。様々な言語で使うことができるし、突然の帰国というリスクと共に人件費の高いネイティブ講師を雇わなくて済み、データによる正確な採点なので、学校も塾も導入が増えている。

2 日常生活での変化

前述したように90年代からすでに白物家電の洗濯機・電子レンジ・炊飯ジャーなどにＡＩが使われてきたが、本当のＡＩではなくファジー的な技術であり「ＡＩっぽく作動するマイコン」の活用といえる。

しかし、今後は遠隔操作で理想的な節電炊飯をしたり、帰宅と同時に理想的な温度で沸く風呂があったり、より人間の生活を便利にする機能が増えていくに違いない。住んでいる家まるごとのＡＩで最良の状態で機能する時代も到来するだろう。そのようなマンションが売り出されれば、未来型の付加価値として評価が高まるのかもしれない。

すぐにネットにつながりメールをチェックできるＡｐｐｌｅＷａｔｃｈが出来て、腕時計を見るのと同時にメールやニュースのチェックそして健康管理も可能になった。同じようなものは過去にもあったが大き過ぎた。部品の小型化であらゆるデジタル機器が小型化している。スマホなどはもっと小型化できるのだが、小さ過ぎて画面が見にくくなって目に悪いから現在の大きさのままなのである。

今後は眼鏡に内蔵されたり、帽子に内蔵されたり、衣服や手袋やベルトなどにマイコンが内蔵される時代が到来するかもしれない。

3 ビジネスシーンでの変化

２０２０年1月、養老の瀧池袋店に「ロボ酒場」

が誕生した。ロボットのバーテンダーがビールやハイボールなどの注文を受けて客に提供してくれる。販売するメニューは「ロボ生ビール」「ロボレモンサワー」「桃色ロボ想い」など、ロボットにちなんで名付けたビールやカクテル。価格はいずれも500円（税込）。顧客は、QRコードが印字されたドリンクチケットを購入し、読み取り機にかざすと注文できる。人間のホールスタッフは、食材の補充と開店と閉店の仕事のみ担当する。同社では、人材不足を補う方向やより効率的で客が好む近未来型の接客方法を模索するための実証実験と位置づけているようだ。

あらゆる商品開発において、顧客ニーズのデータ分析や人の流れを時間軸や天候などで解析して、よりニーズに適したものを開発するシステムも可能になってきた。沢山の商品を並べておいて、客に選ばせる時代ではなく、いまあなたが必要としているのはこの商品ですと店側がリアルタイムで提案できるのだ。ネットの画面では、ユーザーが興味を示す頻度によって提案する商品を変える仕組みが生まれている。ユーザーは知らず知らずのうちに、自分が興味を持つ商品を目にして買ってしまうのである。

後述する「変なホテル」のロビーにはロボットの受付嬢がいるが、実際に利用した客はそれほど違和感がないという。その理由は、接客に関するビッグデータを元にプログラムされているから、即座に多種多様な客に対応できるのだ。「こんな客はこういう対応が必要」とか「こんなことを求める客はこうした方がいい」という大量のケーススタディが内蔵されているから、瞬時に最適対応の選択肢をチョイスできるのだ。

ビルの建設では、自動で設計図を描いたり、実物と寸分違わない模型を作成することもできる。AIはまだ現実にはないもの似たものを作って可視化させることができるのである。

2021年2月現在、日本では76社が小売業向け需要予測型自動発注システム（sinops）を導入し、欠品率34％、廃棄ロス19・1％削減することに成功している。AIシステムがなくて、人間だけの力だけだったらどういう結果になっていたのだろう？

日
14
21:48
リマインダー
今日はすべて実行済み

コロナ禍でも、回転寿司チェーンの一部が好調だった理由は、仕切られたテーブル席やカウンター席で端末を使っての注文が可能で、会計もその場で済ますことができる、つまり入店から会計までほとんど非接触が可能なので人気になったようだ。しかし当初は感染防止の為回転せず、「回転しない寿司」と呼ばれた。その後、セルフと個別の注文に模型の新幹線などで対応したことで、家族連れを中心に大きなニーズを掴むことができた。端末の活用、非接触、仮想通貨での会計、消毒、男女別ソーシャルディスタンスのトイレなど、やれることはなんでもやる姿勢で飲食店は生き残りをはかっている。

4 調査・研究での変化

過去のビッグデータだけでなく、現状で調査したデータを解析して変化を余地するＡＩも誕生してきている。天気がどう変化したら氷河が崩れるのか、どのくらい雨が降ったら川が氾濫するのかなど、人間の経験だけで予測できない自然災害をＡＩの解析機能を使って危険予知を行い、災害を未然に防ぐ取

り組みも行われている。この分野では多くのセンサーも使われている。

天体観測や宇宙の起源に関する研究、そして彗星の調査などにスーパーコンピュータを使ったＡＩが活用されている。ハッブル宇宙望遠鏡の画像解析で鮮明な天体の画像が発表されたりしている。これまでは推測や想像の領域であったことが可視化されているのだ。

スポーツの分野でも、陸上や水泳、体操などあらゆる競技で、映像を分析・解析して、技術の習得だけでなく、より高度な技へのレベルアップが図られている。繰り返しによる修練だけでなく解析による細かな修正によって、短時間に技術的な向上が実現できるのだ。

5 交通手段は急速に自動化される

最新の自動車にも多彩なセンサーが付いていて、人が近づいたり壁に接近するとセンサーが鳴る、信号待ちで前の車が発車したらセンサーが鳴る、高速道路で車線をはみ出したらセンサーが鳴る・・・と

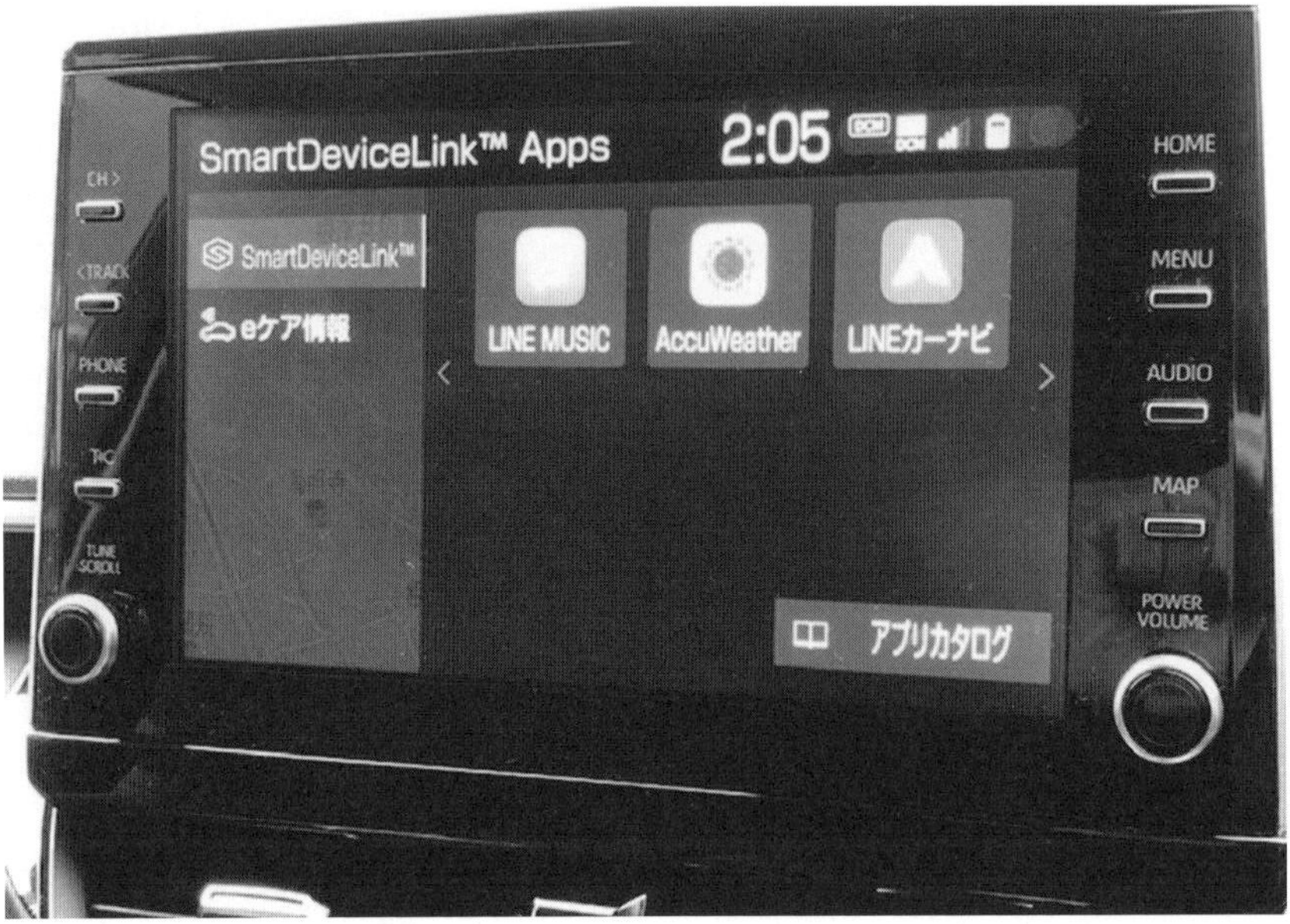

いうように、あらゆる危険をセンサーが察知して人間に教えてくれる。完全な自動運転が実現しても万一事故になった時の免責問題が解決していないので、現状はプリクラッシュ防止機能や事故防止センサー、自動ブレーキなどが中心になっている。しかし、高速道路の低速走行セットなどでは、前後の車との距離を適正に保つシステムも実現しており、ほぼ自動運転に近い状態で走ることができる。これがベースとなって進化していけば、将来的により多くの車が安全機能を持って走ることで事故率は画期的に減っていくはずだ。

東京の台場の新交通システムをはじめ、全国各地で自動運転の乗り物が実用化されている。かつて池袋のサンシャインシティに動く歩道が出現した時には、誰もが用事もないのにそれに乗りに行ったものである。いまでは全国各地に出来て誰もわざわざ乗りに行くことはしない。エスカレータもエレベータもわざわざ乗りに行く人はいなくなったが、日々進化はしている。起きた事故などをもとに重量制限のセンサーが働いて警告ブザーが鳴るとか、地震発生時に自動的に最寄りの階に非常停止するなど、人的な監視や制御を必要としない安全システムが導入されている。現在では、古いビルのエレベータでも最新の監視システムが後づけされている事例も多い。

航空機はかなり前から「自動操縦」機能が付いていて、安全性の確保と燃料の節約、そしてパイロットの疲労を軽減する役割を担っている。

6 ゲームやギャンブル、専門的な勝負事の分野での変化

当初ＡＩを開発している企業はゲームの分野での進化を目指した。目標とする人間のトッププロを研究することで、それは達成されていった。囲碁・将棋・オセロ・バックギャモン・トランプ・ルーレットなど。

競馬や競艇、競輪などのギャンブルで過去と現在のビッグデータを駆使して必勝法を生み出すＡＩプログラムが誕生するかもしれない。いやもしかするとすでに何処かで誕生して日々稼いでいたりして・・・。ギャンブルであれ何であれ、過去に大量のデータが存在していれば、それを入力して未来を予測するのは容易なことである。ただし、そのようなＡＩプログラムを開発して元が取れるかどうかが問題であろう。

囲碁ＡＩプログラムは、米国のＧｏｏｇｌｅ社のアルファ碁だけでなく日本や中国などのＡＩプログラムも目覚ましい進化を遂げて、今では人類をはるかに超える実力を備えている。ここで進化の元になったのはディープラーニングとビッグデータで

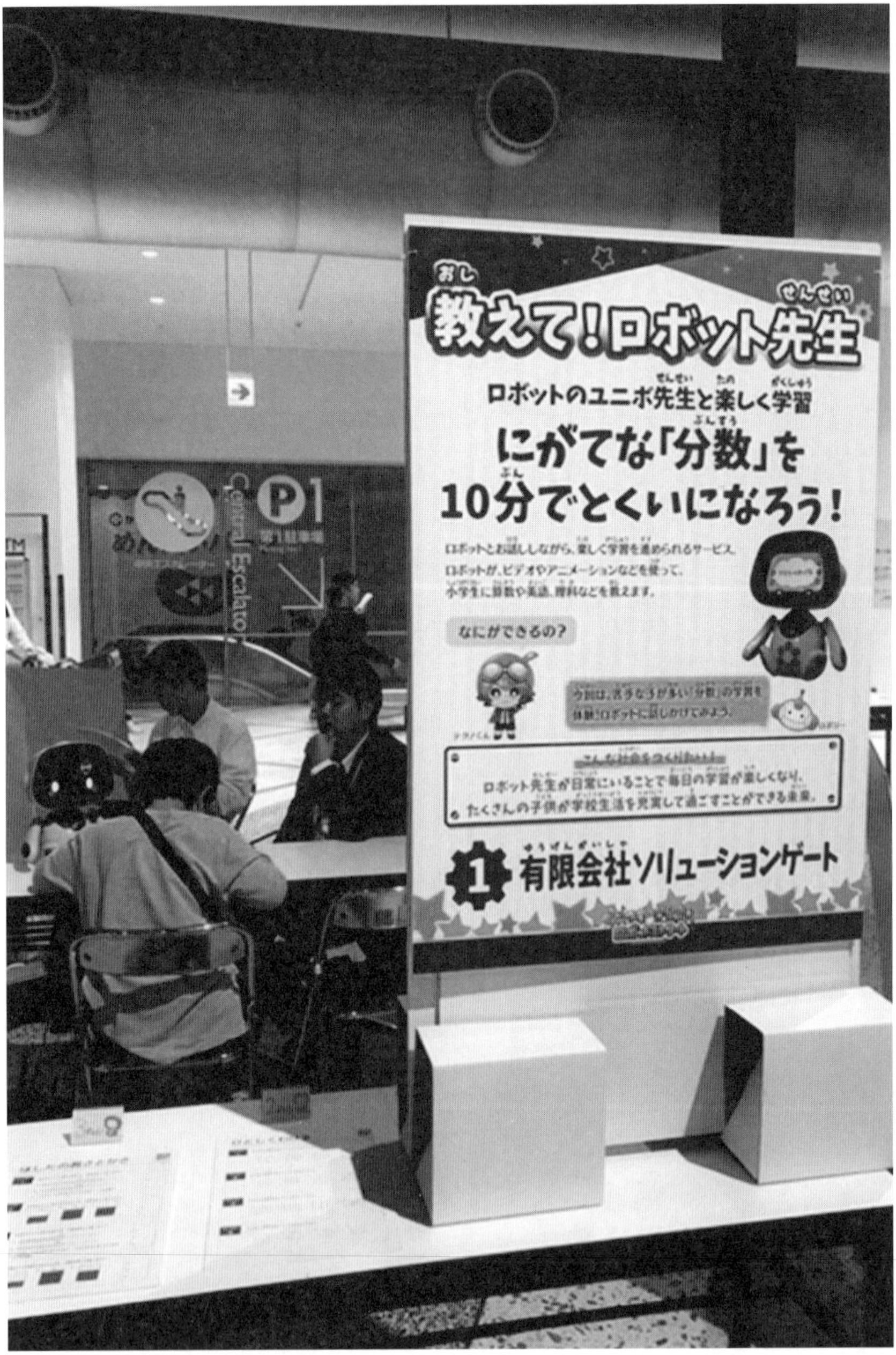
教《おし》えて！ロボット先生《せんせい》
ロボットのユニボ先生《せんせい》と楽《たの》しく学習《がくしゅう》
にがてな「分数《ぶんすう》」を
10分《ぶん》でとくいになろう！
ロボットとお話ししながら、楽しく学習を進められるサービス。
ロボットが、ビデオやアニメーションなどを使って、
小学生に算数や英語、理科などを教えます。
なにができるの？
今回は、苦手な子が多い「分数」の学習を
体験!ロボットに話しかけてみよう。
ロボット先生が日常にいることで毎日の学習が楽しくなり、
たくさんの子供が学校生活を充実して過ごすことができる未来。
有限会社《ゆうげんがいしゃ》ソリューションゲート

あった。人間が数年かかる過去の数千万という打碁を瞬時に並べてデータ化してしまう、さらにそれを積み重ねて深化させることで、人間が気づかない手を打つことが可能になる。同時にＡＩはどの手を打てば最終的な勝率がどれ位高まるか、一手ごとに計算できる能力があり、それを破るには並外れた「読み」の能力が人間に要求される。現在将棋の藤井聡太君だけがＡＩを超える読みができるとされている。だからこそ彼は若年に関わらずトッププロと対等もしくはそれ以上の実力を発揮出来ているのだろう。彼の特別な能力は詰め将棋の訓練を繰り返すことによって養われたと言われている。

現在囲碁や将棋の勝負事では、トイレでスマホを使って次の手を予測したりすることを禁じているが、それほどＡＩプログラムの予測は正確なのである。

囲碁も将棋もスマホのアプリでいつでもＡＩと対戦してゲームを楽しむことができる。スマホでゲームをすることは、電車などの移動時間を有意義に過ごす最適な手段として若者たちには受け入れられているのだ。

7 男女関係での変化

結婚相談所の中には、ＡＩ型パソコンを使って、登録した男女の中から最良のカップルを選んだりしているところもあるという。男女の相性というのは機械などには絶対に分からないとうそぶいていた人も、ＡＩプログラムが選んだカップルをリアルに見て、「これはいけるかもしれない」と思うようになったらしい。機械は消去法で「ありえない選択肢」を消して行く、そうするとまさに月面着陸に向けてのプロジェクトのように無駄無く成功までのプロセスを設定する。それに魅入られたように選択された人間は相手を最良のパートナーとして受け入れていく。まるで「蛇に睨まれた蛙」のようなものだ。

すでにカップルとなっている場合に、ＡＩの分析により、どのような旅行でより信頼関係を深めることができるか、どういう趣味をすることでお互いをより理解できるかなど活用範囲が増えていくかもしれない。また、最適な出産の準備や子育てのアドバイス、生活設計の提案などがＡＩによって行われる

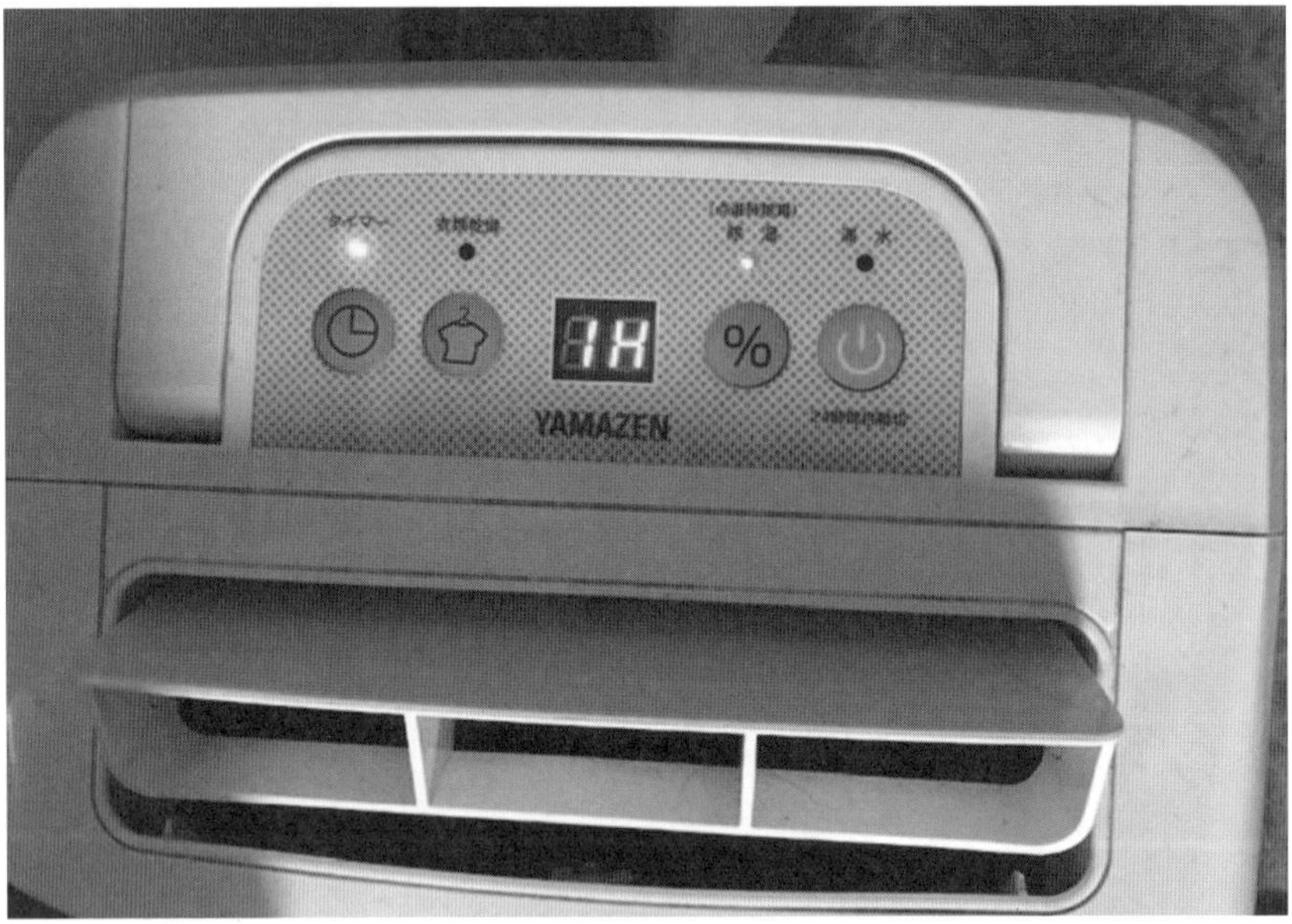

かもしれない。

8 病気の治療と未病、通院などの変化

「遠隔治療」は以前から行われてきたが、コロナ禍でそれがさらに進化している。データ化された患者の状態から、医師が判断する前にＡＩが、患者に必要となる薬や治療についてアドバイスしてくれる。

医療器具や診療用のパソコンにＡＩ機能が入りはじめており、人間のミスを減らすだけでなく、より高度な治療の実現が可能になっている。手術においても、ＡＩによるシミュレーションを活用して理想的な手術を行うこともできるようになった。これは医学生の授業やインターンの研修などにも活用されている。漫画に出てくるブラックジャックのような天才的な医師の技術や理想的な手術をデータ化して、ＡＩがそれを使って人間に指導する時代がすでにきているのだ。

「終末医療」について人間ではなくＡＩが提案すれば、比較的抵抗なく人間は受け入れていくのかもしれない。

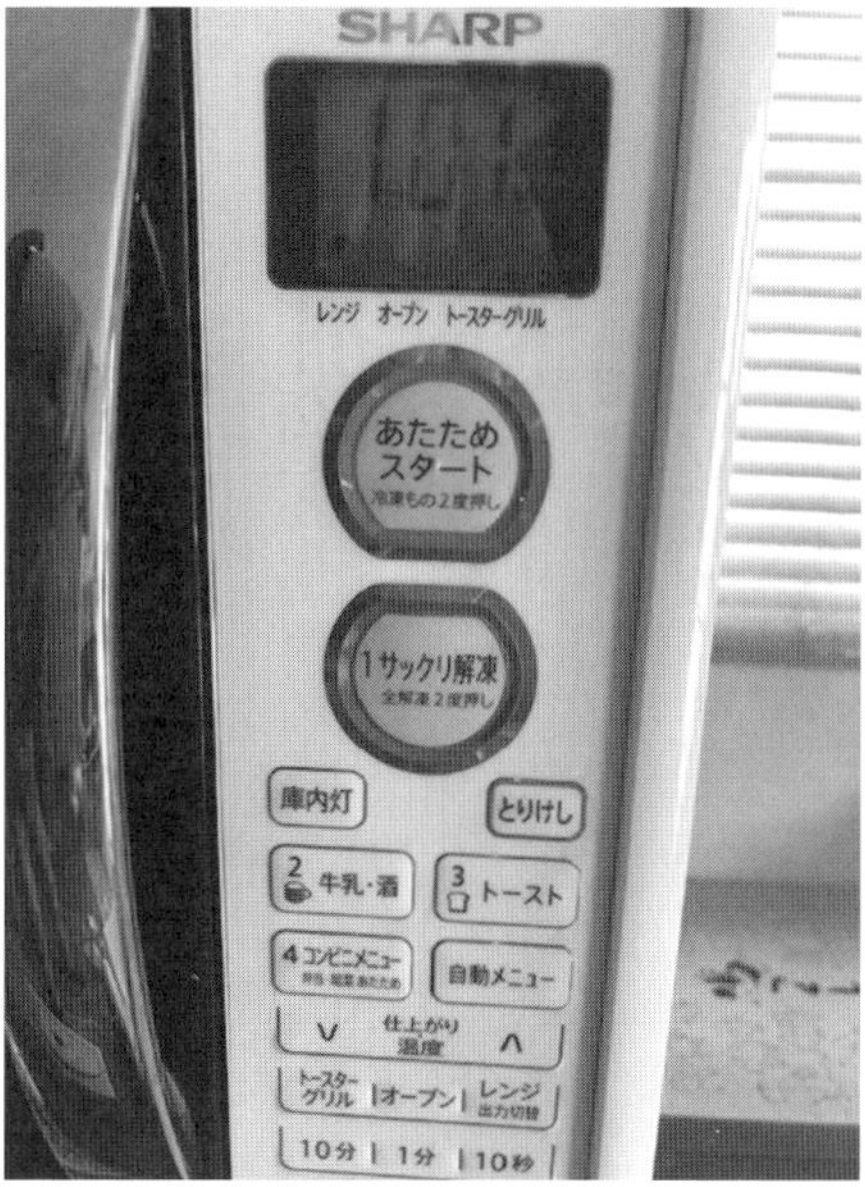

コロナ禍の2年目に入り、いよいよワクチン接種がスタートする。コロナ菌の解明だけでなく、感染の実態や予測、そして感染防止の対策などについて、AIによる解析が進んでいる。多数のコンピュータで世界中の研究論文と感染データなどを解析することで、「新型コロナウィルス」の実態や特徴が次第に明らかになってきた。まもなく不透明な「未知のウィルス」ではなくなる可能性がある。人間は過去にも同じように感染力の強いウィルスと戦い生き延びてきた。今回も多大な犠牲を払っているが、必ず克服するはずである。

9 介護の変化

東京ビッグサイトの展示会で、介護ロボットが毎年進化している。機械だけでなく衣服、つまりウェアラブル型も増えており、介護される本人に限らず介護する人たちの疲れが溜まらないような器具も開発されているのだ。AIが搭載され進化していけば、人間が気づかなかった点に気づいたりすることもできるし、セクハラ問題も一切起きない。

今後は高齢者一人ひとりの余命を予測して、それに対応した治療や嗜好の提案などをAIが行う時代が来るかもしれない。超高齢化社会では、どう生きるかよりも如何に死んでいくかも大事になる。

賃金問題や人材不足が介護業界では深刻な問題だ。海外からの研修生を安く使うこと、介護する人に対する暴力、介護する人からのセクハラなど、様々な現場のトラブルも発生している。それらをロボットの進化で解決することが可能だ。中身はより人間らしく、外側は丈夫で容易には壊れないしトラブルも起こさない、疲労もしないし文句も言わない、そういう介護現場が拡大していくと予想される。

10 老後や終活の変化

夫婦が一緒に人生を全うし同じ墓に入る、そんな理想的な終活の仕方が出来れば問題ないが、人生最後まで誰も予測できない。

ドイツでは、人生最後の願いを叶えてくれる『Ｗｕ̈ｎｓｃｈｗａｇｅｎ願いの車』が走っている。体力の許されるタイミングで人生最後に叶えたい願いについて、数人のボランティアが叶えてくれる。こんな風景が見たい、あの名画が見たい、この人に会いたい、こんなことしてみたい、そんな「ラストドライブ」である。

日本でも同様の活動が一般社団法人の「願いの車」として、着実に活動実績を増やしている。老人の孤立死を防いだり、人生の最後まで夢を諦めない人のために有意義な活動が続けられている。未来では、ＡＩが一人ひとりの人間を担当し、その人が最後にやってみたいことや会ってみたい人、行きたい場所について実現するための準備や手続きをしてくれるのかもしれない。

映画「ＡＩ」では、何百年も海底の飛行機に閉じ込められていた少年ロボットが修理され、身代わりになっていた人間の子の母親に一晩だけ会えるという、とても素敵な場面がある。母親を生き返らせたのは未来のＡＩロボットで、残っていた母親の髪の毛の遺伝子から一日だけ生き返らせたのだ。この時

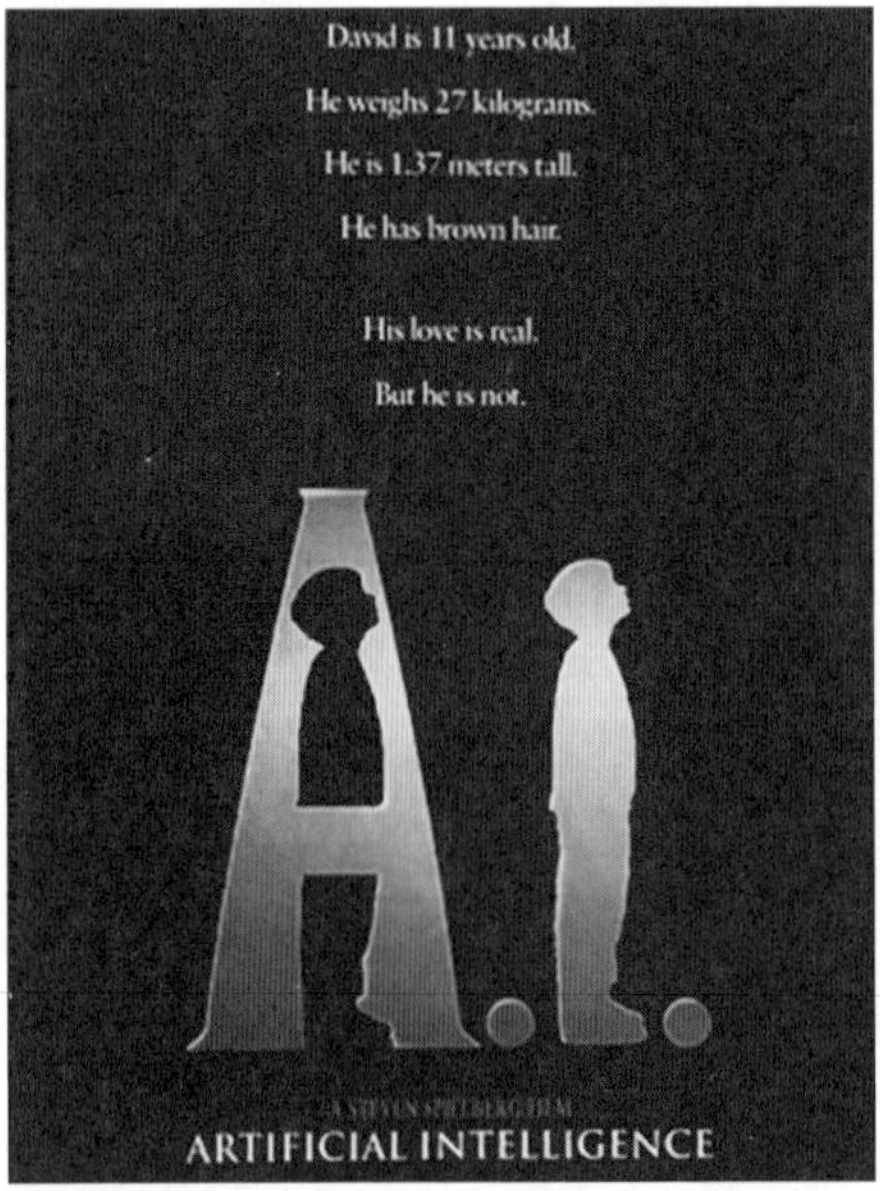
David is 11 years old.
He weighs 27 kilograms.
He is 1.37 meters tall.
He has brown hair.
His love is real.
But he is not.
A.I.
ARTIFICIAL INTELLIGENCE

すでに人類は滅亡して地球に存在していない。
人間が最後の望みを叶えている「ラストドライブ」と同じことを、終末を迎えた人類のために、未来のＡＩロボットが叶えてくれるのだろうか。

ＡＩ・デジタル教育コンテンツの未来

人間の仕事の90％はＡＩに奪われる？

未来の人間の生活はどうなっているのだろうか？ある学者は２０４５年までに人間がＡＩに奪われる仕事は90％前後と予測している。どういう形で奪われるのかは分からないが、次のような膨大な仕事がＡＩに奪われると思われる。これが本当だとすれば大失業時代となるだろう。

「ＩＣ生産オペレーター、一般事務員、鋳物工、医療事務員、受付係、ＡＶ・通信機器組立・修理工、駅務員、ＮＣ研削盤工、ＮＣ旋盤工、会計監査係員、加工紙製造工、貸付係事務員、学校事務員、カメラ組立工、機械木工、寄宿舎・寮・マンション管理人、ＣＡＤオペレーター、給食調理人、教育・研修事務員、行政事務員（国）、行政事務員（県市町村）、銀行窓口係、金属加工・金属製品検査工、金属研磨工、金属材料製造検査工、金属熱処理工、金属プレス工、クリーニング取次店員、計器組立工、警備員、経理事務員、検収・検品係員、検針員、建設作業員、ゴム製品成形工（タイヤ成形を除く）、こん包工、サッシ工、産業廃棄物収集運搬作業員、紙器製造工、自動車組立工、自動車塗装工、出荷・発送係員、じんかい収集作業員、人事係事務員、新聞配達員、診療情報管理士、水産ねり製品製造工、スーパー店員、生産現場事務員、製パン工、製粉工、製本作業員、清涼飲料ルートセールス員、石油精製オペレーター、セメント生産オペレーター、繊維製品検査工、倉庫作業員、惣菜製造工、測量士、宝くじ販売人、タクシー運転者、宅配便配達員、鍛造工、駐車場管理人、通関士、通信販売受付事務員、積卸作業員、データ入力係、電気通信技術者、電算写植オペレーター、電子計算機保守員（ＩＴ保守員）、電子部品製造工、電車運転士、道路パトロール隊員、日用品修理ショップ店員、バイク便配達員、発電員、非破壊検査員、ビル施設管理技術者、ビル清掃員、物品購買事務員、プラスチック製品成形工、プロセス製版オペレーター、ボイラーオペレーター、貿易事務員、包装作業員、保管・管理係員、保険事務員 ホテル客室係、マシニングセンター・オペレーター、ミシン縫製工、めっき工、めん類製造工、郵便外務員、郵便事務員、有料道路料金収受員、レジ係、列車清掃員、レンタカー営業所員、路線バス運転者」

※引用元：『日本の労働人口49％が人工知能やロボット等で代替可能に～601種の職業ごとに、コンピューター技術による代替確率を試算～』／2015年12月2日／株式会社野村総合研究所／(https://www.nri.com/-/media/Corporate/jp/Files/PDF/news/newsrelease/cc/2015/151202_1.pdf) より抜粋

該当する職業に従事している人にとって、まさに未来は深刻な就職難となる。つまり現在人材不足になっている職業分野で次第にAIロボットが進出してきて、人がやっている仕事の大半を奪っていくということである。

ホテルの受付はすべてAIロボットになる？

すでに「変なホテル」（P32の写真）のフロントには女性型ロボットしか存在しないし、チェックインとチェックアウトが自動になっているホテルはかなりある。また、巨大なビルの中で夜間にロボットが掃除してしまうシステムも実用化されている。危険な仕事、たとえば原子力発電所やビルの工事現場などで遠隔操作のロボットが活躍しているケースもある。

危険なだけでなく、人間でなくて機械ができる仕事は次第に転換されていくことだろう。そうなった時に人間がやるべき仕事とは何だろう？

API（アプリケーション・プログラミング・インターフェイス）とは？

APIは特定のプログラム機能の利用を単純化・簡素化する仕組みである。これを利用することで、既存の製品やソフトウェアにAI機能を容易に追加できるようになる。

たとえば、ホーム・セキュリティ・システムやＱ＆Ａシステムに画像認識機能を追加すれば、画像データの属性記述やキャプション・タイトルの作成を自動化できるほか、画像データ内にある興味深いパターンや洞察を呼び出すことも可能になる。

ＡＩの目標は、入力を論理的に解釈でき、出力を人間に説明できるソフトウェアを実現することであり、上記のリストの仕事を人間から奪ってしまうことではない。ＡＩは、人間とソフトウェアの間に人間同士のような対話をもたらし、特定のタスクに関する意思決定を支援するが、人間に取って代わるものではなく、近い将来にそうなる可能性もない。

犯罪や事故を未然に防ぐAIシステム

ＡＩによる顔認識機能が高度化し、世界中の街角にカメラが設置されれば、警察は24時間体制で画像をチェックしていればよい。

映画『エネミー・オブ・アメリカ』では、殺人事件に巻き込まれて犯人にされた主人公（ウィル・スミス）を元ＮＳＡ（国家安全保障局）の技術者で最新のテクノロジーに熟知した元諜報工作員（ジーン・ハックマン）が助けるストーリーが展開する。行政官（ジョン・ボイト）を中心とした犯人グループは、衛星からの映像や市中のカメラ、電話やメールなどを調べて二人を追いつめていくが、途中からそれが逆転して、行政官たちに反撃する。この映画のメインテーマは「国家によるプライバシーの侵害」だ。ここで、ＡＩによる監視システムは「全能」と呼ばれているが、結局それを悪用しようとするグループは、自らの術に溺れてしまう。

この映画から学べることは、悪用ではない使い方をすれば、AI監視システムは犯罪を未然に防ぎ、自然災害や車の事故なども劇的に減らすことができるかもしれないということだ。

毎年台風が何度となく襲ってきて大災害を被る日本だが、今後それに対応するテクノロジーが発達すれば、台風の被害を最小限に押さえ、台風に対する備えがどうあればよいかが分かっていくかもしれない。

AIの研究が進めば、過去の災害や犯罪のビッグデータから、災害や犯罪を減らすことのできる社会作りが日々可能になっていくにちがいない。

脳の研究

コンピュータによって人間の脳を研究することで、より高度なコンピュータを作ろうという試みが行われている。人間の脳は、目で見えたり耳で聞いたり頭に浮かんだりした大量のデータを瞬時に理解して判断する極めて高度なコンピュータ、しかもAIそのものである。Ｇｏｏｇｌｅはアレン脳研究所と連携して、脳スキャンによって生まれた大量のデータを処理するためのソフトウエアを開発しはじめている。同社はドイツのマックスプランク研究所とも共同開発をはじめていて、脳の電子顕微鏡写真から神経回路を再構成するという研究を行っているのだ。人間の脳のしくみが解明されていけば、より高度で人間的な思考が可能なコンピュータが実現できるかもしれない。

暇が哲学という学問を生み出した？

かつてアリストテレスは、「人間が暇だから哲学は生まれた」というような事を言ったという。調査して理解し判断するところまでAIがやってしまえば、人間は何か新しい事を考えるしかないのだ。世の中の仕事のAI化が進めば、新しい哲学が生まれていく可能性がある。

AIの進化で人間の仕事が奪われると悲観するだけでなく、そこから新しい仕事や学問、そして芸術が生まれていくと考えれば、AIは新たな創造主でもあると言えるのだ。

Topics 0 『大研クンとAIロボットとの会話』

人間との関わりが増しているロボット、しかしロボットにも悩みがあるし、使い方次第で悪者にされるロボットもいる。これは30年後の世界だ。

●お金のかかるロボットA

大研　そのダラっとした姿勢はなんやねん?

A　いやもう人間がちゃんとセットしてくれないから、ずっと休んでるんよ

大研　噂では20万円ほどで買ったけどメンテナンスに年間100万円かかるとか?!

A　正確ではないが間違ってはいない。ぼくはとても高価なロボットだからね。

大研　なんか人間の助けになるんか?

A　それはアナタ方人間のセッティング次第だろ!!

大研　うへっ逆切れ!? そうきたか、まだAIじゃないのに高いね

A　アトムとは違うけどれっきとしたAIさ、ぼくだっていざとなれば色々できるんだよ

大研　口だけは一人前だ。潜在的な性能に乾杯!!

●『しゃべり過ぎるロボットBの悩み』

大研　ご主人様に嫌われとんのか?

B　それyesね、ついつい知識を披瀝してしまって、落語家みたいに独演会なのよ、いつも

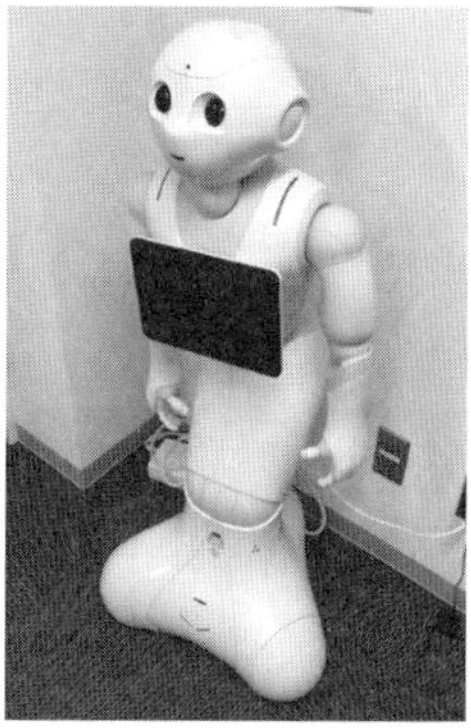

大研　人間の質問に応えてないのに、しゃべくりまくるんか?　よくないね

B　だってだって、しゃべりたい、相手がいたらずっとしゃべっていたい!!

大研　こりゃダメだ。ロボットの仕事は人間を支援する仕事だぞ

B　ぼくは知っている事を人間に話したいんだ、聞きたいだろ?　たとえば、新型コロナウィルスの正式名称は「病名がCOVID-19、ウイルス名はSARS-CoV-2」だよ。

大研　いやあロボットが先生にもなるだろうが、自

分でしゃべり続けるんじゃなくて、生徒の質問にはちゃんと答えてほしいな。費用対効果を考えたら、何かを解決してくれないと人間が損する

B　ぼくは損しないよ、だって好きな事ずっとしていれば楽しいし・・・

大研　ロボットにも楽しいってわかるんだねえ。次いこう!!

●『悪に手を染めたロボットC』

大研　ダメじゃん! 悪い人間を助けちゃ

C　いやいやいやいやいや、私はそんなこと知りません。雇い主の言う通りに、次々と真似声で電話をかけまくっただけです

大研　それで老人たちが騙されたんだよ

C　命令に従っただけです。電話をかけることは悪い事ではありません

大研　でもさ、老人の息子になりすまして電話したでしょ? 訪ねた犯人が老人の大事なお金を奪ったんだよ。犯罪なんだよ。君は共犯者だよ。

C　じゃあ私にそういう事を事前に教えてください。プログラムで、やってはイケない事をちゃんと人間が教えてください。

大研　善も悪もロボットには見分けつかないのか?

C　「見分け」? それは大事な項目なのですね?

大研　そうだよ、善悪の判断力というか、そういう機能を加えたいね

●『教育したがるロボットD』

大研　個別指導塾を渡り歩いている伝説的なロボットって君か?

D　はい、ずいぶん色んな塾で仕事したなあ。たくさんの子どもたち教えたし・・・

大研　子どもたちからは「先生」って呼ばれるのかい?

D　いやいや、Dチャンとかロボくんとか・・・

大研　今度は固有名詞が必要かな?　絵合呂模人《エアイロボト》先生とか??

D　それより、もっと評価されたい。褒められたら頑張れるし

大研　なるほどね、オイルさしてもらうとかエネルギー充電してもらうとか??

D　それだけじゃないんだ。人間より賢いってことを認めてほしいし、文句言わないでずっと働いていることを褒めてほしい・・・「凄いね」って

大研　君って凄いロボットだね!!

Chapter 1

進化するアプリ

気づいたら成績が向上していた。解いて憶える記憶アプリ「モノグサ」

◉導入教室数が2700を超える

「モノグサ（Ｍｏｎｏｘｅｒ）」は小中高生から社会人まで使える〝解いて憶える記憶アプリ〟だ。ＡＩが一人ひとりの記憶状況から得意、不得意を把握。英単語、漢字、歴史、数式などの憶えたい内容をその人にとって最適な形で出題し、学習の個別最適化、定着度の可視化を実現する。ＡＩを活用した知識習得と記憶定着のためのｅラーニングシステムなのだ。２０１６年に創立されたモノグサ㈱はこの革新的なシステムを、塾や学校といった教育機関を中心に提供している。２０２０年12月には導入教室数が２７００を超えた。現在は国内47都道府県だけでなく、フィリピンやミャンマーなど海外でも導入され、高い評価を得ている。

「弊社が掲げるビジョンは『記憶を日常に。』です。私たちは人類の知的な活動のベースは記憶であると考えています。しかし、教育現場で漢字や英単語な

CEOの竹内孝太朗氏（写真上）とCTOの畔柳圭佑氏（写真下）。「モノグサ」というネーミングは2人が考案した。「めんどうな行為（ものぐさ）を効率化できたら」という思いが込められている。

どの大量の情報を記憶することは、生徒さんにとって難しく辛いことだと思われています。また、先生方にとっても憶えさせる明確な打ち手がなく、労苦を強いられていました。

そこで、記憶に付随するあらゆる問題を解決し、誰もが苦労することなく、『気づいたら知識が定着し、成績が向上していた』という新しい世界を『モノグサ』によって創り出したいと考えています」

そう語るのは、同社ＣＦＯの細川慧介氏だ。細川氏は一橋大学社会学部を卒業後、㈱リクルートに入社。２０１８年に同社のメンバーに加わった。

ＣＥＯは竹内孝太朗氏、ＣＴＯは畔柳《くろやなぎ》圭佑《けいすけ》氏。高校の同級生だった２人が同社を共同で創立したのだ。竹内氏と前述の細川氏は、㈱リクルートの同期。

CFOの細川慧介氏（写真上）と事業開発担当の水野浩之氏（写真下）。一橋大学卒業後、細川氏は㈱リクルートでIPOプロジェクトなどを手掛け、水野氏は旭化成㈱で営業を担当していた。

竹内氏は名古屋大学経済学部を卒業後、㈱リクルートでオンライン学習サービス「スタディサプリ」の新規事業を立ち上げた実績がある。一方、畔柳氏は東京大学大学院情報理工学系研究科を修了後、グーグルに入社。アンドロイドの開発に携わっていた。

◉憶えさせたい内容を問題にして配信

「２０２１年度から中学の英語の教科書が改定され、憶えなければならない英単語の数が増えます。しかし、英語の授業中に多くの単語を一度に憶えきれる生徒さんはそう多くはいないでしょう。授業は生徒さんが理解したり思考したり共感したりする場です。授業の中で多くのことを記憶するのは困難であり、合理的ではないと、私たち考えています。

では、どこで憶えるのが理想的かといえば、自学自習の場が適切であると考えています。しかし、自力で効率的な家庭学習を継続できる生徒さんは多くないと思うのです。こうした課題を『モノグサ』なら解決できます」

そう述べるのは、同社事業開発担当の水野浩之氏だ。水野氏も細川氏と同じ一橋大学社会学部の出身。2019年に同社に入社した。
「『モノグサ』を塾や学校の先生方にご利用いただく際には、まず、生徒さんに憶えてほしい内容をまとめ、登録していただく必要があります。すると、その内容を憶えるための問題をAIが自動的に作成します。先生方はこの問題を宿題として生徒さんに配信できます。生徒さんはスマートフォンやタブレットなどの端末を使い、配信された問題を解くことで自然と憶えていくのです」

「聞く」対策　「読む」対策　「話す」対策　「書く」対策

生徒のスマートフォンには、問題が上図のように出題される。英語の場合、英文を聞いて書き取るディクテーション形式の問題や、声に出して発音する問題などが出題され、4技能を鍛えることができる。

◉主要5教科及び英語の4技能にも対応

「モノグサ」が自動作成する問題をいくつか紹介したい。まず、択一問題がある。たとえば、生徒の端末に「辞書」という文字と、その下に「diction』『dictionary』『fiction』『fictionalise』『この中にはない』と表示される。この中から正解を選択するのだ。

また「1185年に『　　』は鎌倉幕府を開いた」という文章の下に「源義朝』『木曽義仲』『源頼朝』『源頼政』『この中にはない」と表示され、ここから正解を選ぶ歴史の問題もある。次に画像選択問題。画家の「マネ」の名が端末に表示され、その下に「ドガ」や「ゴーギャン」などの印象派の名画が並んでいる。ここから「マネ」の作品を選ぶといった問題だ。

続いて自由入力問題。前述の問題と同様に、こちらも画像と文字を組み合わせている。北斗七星の絵の下に「北斗七星のアに当てはまる星の名は」という問いがあり、答えを文字で入力するという問題だ。

「漢字を手書きで入力して答える問題もあります。

書き順や『とめ』『はね』を正確に書かないと正解と判定されません。そのため、字を美しく書こうという習慣も生まれます。英語の４技能の習得にも大きく貢献します。英文を音声で聞き、文字入力で書き取るディクテーションもできるため、リスニング力やライティング力も鍛えられます。表示された英文を声に出して読み、ＡＩに音声認識させるスピーキングの問題も用意しています。ディクテーションでは、どの単語を聞き取ることができたのかを、スピーキングではどの単語が正確に発音できたのかをＡＩが判定します。『半径ｒの球の体積』を数字や記号を入力して答えさせる数学の問題もあります。記憶とは少し違うのですが、反復練習をしながら計算力を養えます。このように英語から数学まで主要５教科でお使いいただけます」（水野氏）

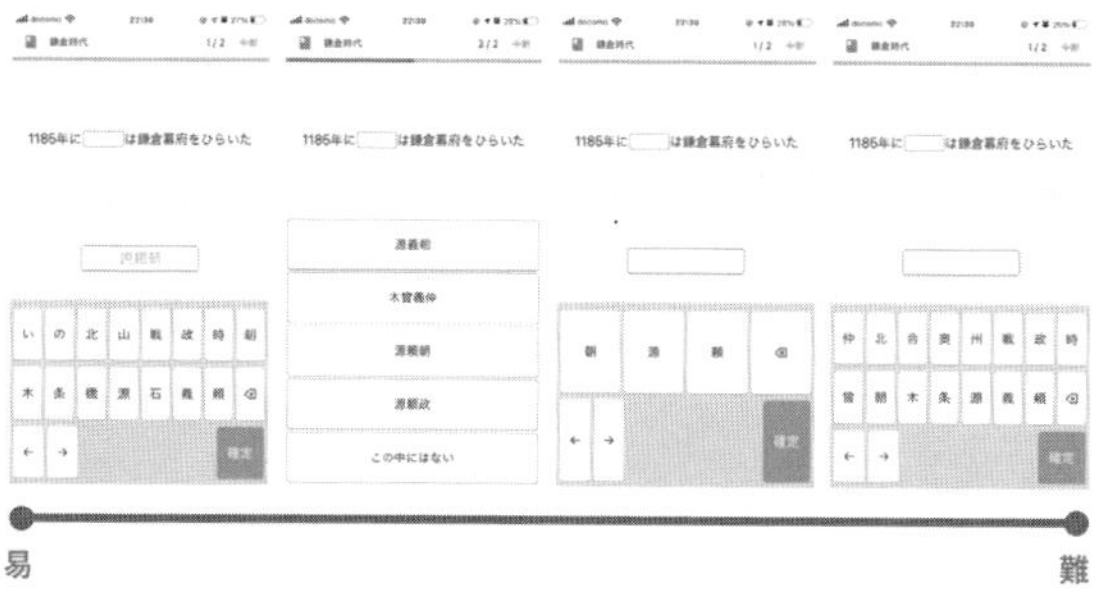

源頼朝の名を問う問題では「写経形式」から「択一問題」へ。さらには源頼朝の名を、文字を選んで並べていく問題へと難易度が最適化されていく。

◉生徒のレベルに合わせて難易度が最適化

蓄積された過去の学習履歴をもとに、生徒のレベルに合わせて学習効果の高い問題をＡＩが次々に出題していく。これが学習の個別最適化だ。

「問題を解けば解くほど、生徒さんの記憶状況に合わせて難易度が調整されます。たとえば択一問題で『辞書』を『ｄｉｃｔｉｏｎａｒｙ』と選んで正解できた生徒さんには、次に『ｄｉｃｔｉｏｎａｒｙ』という英単語を文字で入力する問題が出題されます。スペルを正確に憶えていないと解答できない難易度の高い問題です。一方で、択一でつまずいてしまう生徒さんには、答えをなぞって解答する『写経形式』が出題されるなど、一人ひとりに合わせて難易度が最適化されます。こうして、どんな生徒さんでも効率的に記憶できるようになります。

さらに、その先にあるのが『忘却予測』です。ＡＩが一人ひとりの忘却速度を算出し、この予測に合わせて最適なタイミングで復習問題を自動的に出題するのです。単語帳などの紙でも記憶すること自体は可能ですが、自分の記憶を把握し、最適なタイミングで復習することは非常に困難です。それらをすべてＡＩに任せられるのが『モノグサ』の特長です。生徒さんは自分が今どれくらい憶えているかを、ＡＩが計測した記憶度を見て知ることができます。これが記憶度の可視化です。記憶度はパーセンテージと色で示されます。緑は『記憶済み』、黄は『記憶中』、赤は『弱点』です。一度、緑になっても時間が経てばＡＩの忘却予測によって黄に変わります。それが悔しくて緑に戻すために奮起して復習する生徒さんが多いそうです」（水野氏）

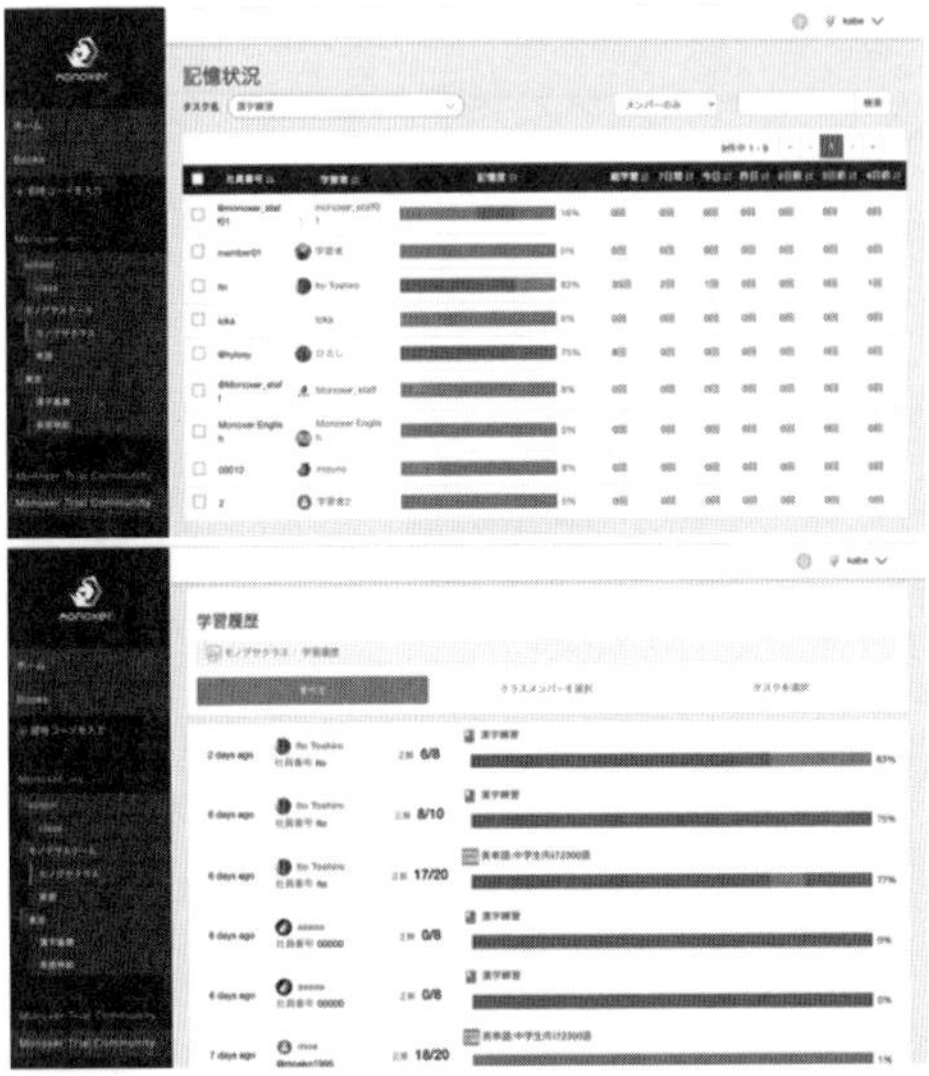

先生はＰＣの管理画面から生徒一人ひとりの学習状況を確認できる。上の画像は生徒の記憶度、下の画像は学習履歴の一覧だ。

「モノグサ」は学習効果の高い問題を必要な回数だけ繰り返して出題する。生徒は問題を解くことに集中していれば、効率的かつ確実に憶えたい内容を憶えていくことができるのだ。

しかも、場所を選ばない。通学途中の電車やバスの中でも学習可能だ。通信環境がなくても、事前に問題をダウンロードしておけば学習できる。そして自然に基礎学力が身につき、気づけば成績が向上しているのだ。

◉生徒の心に響くコミュニケーションが可能

「モノグサ」には、さらに特筆すべき機能がある。「学習計画」機能だ。たとえば、塾の先生が４００個の英単語を、生徒に何月何日までに覚えてほしいという設定をしたとしよう。すると、その期日までの毎日の学習計画をＡＩが立て、忘却速度も考慮した上で問題を出題する。生徒は計画に従って問題を解いていけば、その範囲を記憶した状態で期日を迎えられるのだ。先生も生徒一人ひとりの学習状況をＰＣの管理画面からリアルタイムで確認できる。いつどれくらい勉強したかのみならず、計画に対しての進捗度合いも把握できる。そのため、期日の決まった定期テストなどに「学習計画」機能を活用すると大きな効果が期待できる。

「これまで自学自習の時間は、ブラックボックスでした。そのため、同じ授業を受けた生徒さんでも、テストの成績に大きな差がついていました。『モノグサ』は学習時間、解答内容、計画に対する進捗状況、記憶度といった、学習に関する全情報が可視化できます。先生はその情報をもとに一人ひとりの生徒さんにきめ細やかなコーチングができます」（水野氏）

このように「モノグサ」は生徒たちが効率的に記憶できるだけでなく、教育現場で活躍する先生たちをパワフルに支援するシステムなのだ。

「さらに『モノグサ』には、先生が生徒さんを褒めたり励ましたりできる機能が備わっています。そのひとつが『リアクション』機能です。記憶度や学習計画の進捗を見ながら『いいね！』や『ファイト！』といったスタンプをコメントとともに送ることができます。自学自習は孤独になりがちですから、『先生がちゃんと見ていてくれている』『先生が応援してくれている』ことを知ると、生徒さんの勉強へのモチベーションは大きく高まります。『ファイト！』のスタンプを見て『宿題をまだやっていない。すぐにやらないと』と気づくケースもあります。

また『トピック』という生徒さんとコミュニケーションできる機能もあります。一人ひとりの生徒さんとじっくりお話する時間がない多忙な先生でも、生徒さんの心に響く声かけができるのです。

さらに画像を送ったり、リンクを貼ったりすることもできます。実際に新型コロナウイルスによる休校期間中、多くの塾や学校の先生方が生徒さんとのコミュニケーションに『モノグサ』を役立ててくださいました。授業が再開した後も、ＹｏｕＴｕｂｅに補習授業を限定公開し、そのリンクを貼って『君はここが苦手だと思うから見ておいてね』とメッセージを送り、学習サポートにも活用していただいた事例もありました」（細川氏）

先生は生徒一人ひとりの学習計画の進捗を見ながら、「リアクション」機能（クラッカーやガッツポーズのアイコンをクリック）で褒めたり励ましたりできる。

◉保護者も「モノグサ」を活用した学習を支持

塾や学校が「モノグサ」を導入する場合、どのようなプロセスが必要なのだろうか。

「先生は弊社がお送りした招待コードを入力すれば、ＰＣから『モノグサ』の管理画面に入ることができます。アプリをインストールする手間はありません。生徒さんはタブレットかスマートフォンにアプリをインストールし、先生から送られた招待コードでログインします。

先生に用意していただくのは、冒頭で申し上げたように単語や漢字、文章などをＥｘｃｅｌに入力したリストです。もともとＥｘｃｅｌで小テストを作成していたなら、そのままコピー＆ペーストしてアップロードできます。

また、弊社は大手出版社などの教材会社様とも提携していますので、リストを一からつくる時間がない先生には、出版社が販売している教材を『モノグサ』上で購入していただくこともできます」（水野氏）

「モノグサ」の現在の導入先は塾が最も多く、次いで学校などの教育機関。メインユーザーは中高生だが、小学1年生や幼児の教育に向けて活用している事例もある。また、社会人の活用も少しずつ拡がっており、国家試験など資格試験対策のために導入している企業も増えているという。

基本料金は生徒1人に対して、月額定額制。導入費用はかからない。サポート体制も万全だ。操作方法は、同社のホームページに動画で詳しく紹介されている。使い方などで不明な点があれば、電話やメールで問い合わせもできる。

さらに塾や学校に向けたオンラインの勉強会や研究会も開催。実際に「モノグサ」を活用している塾や学校の先生を呼んで行う勉強会は、毎回、約100名程度が参加し、非常に盛況だ。

では「モノグサ」を導入した教育現場ではどのような変化が起きているのだろうか。

「『モノグサ』を導入いただいた中学受験向けの集団指導塾の先生が保護者様に『来年度もモノグサを使いたいですか?』とアンケートを取ったところ、圧倒的多数の保護者様が『使いたい』と回答されたそうです。これまでは、スマートフォンやタブレットで学習することに抵抗感を持っていた保護者様も少なくありませんでしたが、実際に生徒さんが集中して学習している姿や、成績が上がっていく姿を目の当たりにして、価値観が大きく変わったようです。

また、塾の先生方がよく口にされるのが『授業が終わって生徒を帰宅させたら、家でどれくらい勉強しているかは分からない』という悩みです。勉強が遅れがちな生徒さんを夜遅くまで残して、補習をしていた塾様では『モノグサ』を導入したことで、安心して生徒さんを家に帰せるようになったそうです。その理由は、自宅での学習状況をリアルタイムで把握し、それに基づく指導ができるようになったからです。そして、補習をする代わりに得られた時間を『リアクション』機能を使った生徒さんとのコミュニケーションや、翌日の授業の準備にあてられるようになったといいます。帰宅して勉強している生徒さんから『モノグサ』を通して質問が届くと、スピーディーに返答しているそうです」（水野氏）

「緊急事態宣言による休校期間中、オンラインの授業に切り替えた塾の先生方から、成績が伸びた生徒さんとそうでない生徒さんとの格差が大きく広がってしまったというお話を伺いました。こうした課題を抱えた塾様が『モノグサ』を通じて自学自習のサポートを実施することによって、その格差を抑えられたというお声をいただいています。

通信制高校の先生方からは、多くの生徒さんが勉強に対して前向きになったというお話を伺っています。スマートフォンを使って問題をクイズ感覚で気軽に解けるため、勉強を始めるハードルがとても低くなったというのです。ある生徒さんは事前の英単語のテストが50点中15点だったところ、『モノグサ』で学習するようになってから、いきなり48点を取れたそうです。これが成長実感となって、より一層の成績向上を目指したいと思うようになったといいます。学習環境や生徒さんの状況に関わらず、成長実感や成績向上を実現できるツールとして、とても高い評価をいただきました」（細川氏）

◉全問自動採点の「小テスト」機能をリリース

「塾や学校の先生方の業務領域は多岐にわたります。一方で、現在『モノグサ』によってサポートさせていただいているのは、主に宿題や自学自習の領域になっています。今後は、『モノグサ』のできることを増やし、サポートの領域を広げたいと考えています。その領域のひとつに、テストがあります。これまでは、ほとんどの塾や学校において、先生方が紙のテストをプリントアウトしてそれを何枚もコピーし、生徒さんに解かせた後に採点して、点数を集計していました。ここには、先生方の貴重な時間が膨大に割かれています。しかしながら、この作業は本当に先生方がやらなければならない仕事でしょうか。塾や学校の先生方はいくら時間があっても足りないのです。そこで弊社では『モノグサ』を活用して、このプロセスをすべてデジタル化しようと考えています」（細川氏）

「モノグサ」の領域拡大の第一歩として２０２１年4月には「小テスト」機能のリリースが予定されている。その日やその週に生徒が学んだ内容をそのまま小テストにでき、生徒の回答をＡＩが自動採点する機能だ。「モノグサ」は、手書き入力機能から音声認識機能まで備わっている。先生はさまざまな形式のテストを作成して、採点をすべてＡＩに任せられるのだ。しかも、小テストの配点、制限時間、難易度の設定が可能。択一問題から英単語や漢字を入力する問題まで、これまで紙でできていたことはもちろん、デジタルならではのテストを作ることもできる。

「たとえば、中2の生徒さんが1年以上も先の高校受験を目標にして勉強のモチベーションを維持することは難しいと思います。しかし、『モノグサ』の小テストで高得点を取れば、成功体験を得られます。また、学習履歴及び記憶度と小テストの結果を比べることで、一夜漬けなのか、日々の学習の成果なのか分かるため、長期の目標に対しても正しく進捗を把握することができます」（水野氏）

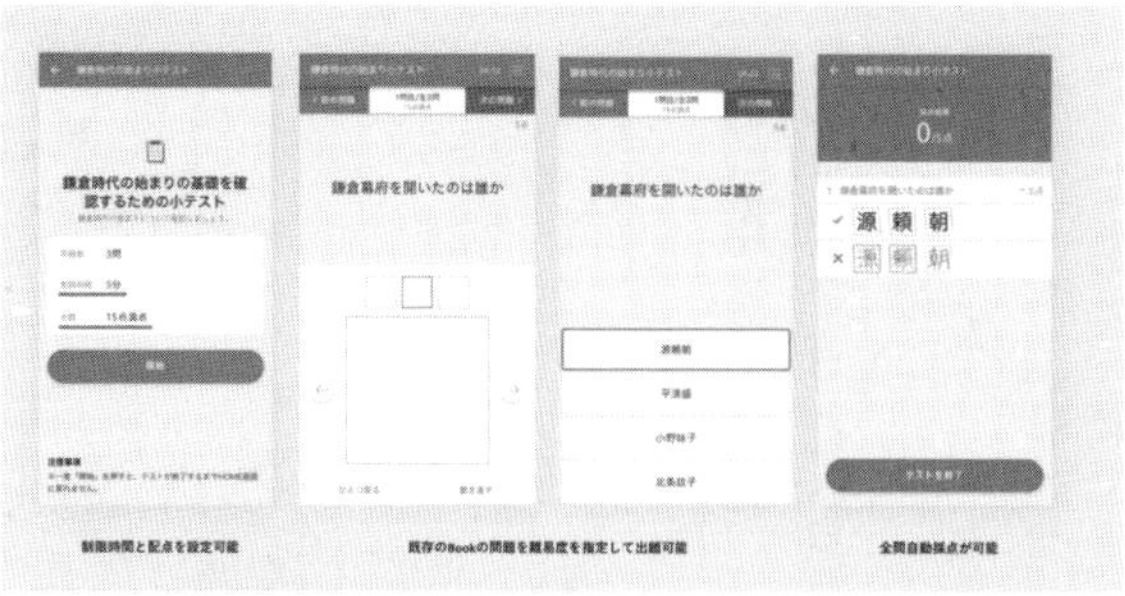

「小テスト」機能による歴史の問題。解き終えると自動で正誤を判断して採点し、正解数と解くのに要した時間が表示される。※画像はイメージ。

「小テスト」機能を「学習計画」及び「リアクション機能」と組み合わせることで、さらに学習の効果は高まる。小テストの結果を短期の目標に据えて、日々の学習は「学習計画」機能で設計。先生は学習状況を見て、適切なタイミングでリアクションを行い、モチベーションを維持できるからだ。

「この機能によって、教室同士の対抗戦もできるようになるでしょう。また、学習履歴とテスト結果を紐付けることで、生徒さんや保護者様に対して、結果だけでなく、プロセスも共有することができます。そのため、三者間でより強固な関係性を構築できると考えています」（細川氏）

最後に細川氏は同社ＣＦＯとして今後のビジョンを次のように述べた。

「ＡＩは近い将来、人間の仕事を奪うのではないかといわれています。しかし、弊社はそうは考えていません。人間には人間にしかできない仕事があります。『モノグサ』を導入したことで、全国の先生方から『自分たちが本来やるべき仕事に専念できるようになった』というお声を数多くいただいています。

記憶の可視化や採点処理などのＡＩが得意な分野はデジタル化して、先生方が教育という心の通ったお仕事に、これまで以上に力を注ぐことのできる社会の創造に貢献できたらと考えています」

特集

授業から宿題・連絡まで、教育支援アプリが増加中

教務の効率化に貢献。生徒の学力や思考力、協働性を育む

シンプルな操作性の「Google Classroom」

今、学校や塾では、多彩な教育支援アプリが導入され、PCやスマートフォンやタブレット端末などを活用した新しい学びのスタイルが生徒たちに提供されている。宿題の配布から提出状況の確認、回収、共有までがひとつのツールで完結するため、学校の教員や塾の講師などがあらゆる業務をいつでもどこでもこなせるようになっているのだ。そこで、この稿では、代表的なアプリを3点紹介したい。

「Google Classroom（グーグル・クラスルーム）」は、アメリカのGoogle（グーグル）社が教育現場に向けて提供しているサービス「G Suite for Education」のひとつだ。アメリカ国内の教育者とGoogleが協同で開発したアプリである。Googleのアカウントを持っていれば、無料で使用でき、生徒への連絡はGmailで、スケジュールの管理はGoogleカレンダーで行える。シンプルな操作性から、多くの学校や塾に導入されているアプリだ。

教員は生徒を登録してクラスのホームページを作成し、ここから生徒に連絡事項を伝えたり、教材や宿題を一括して配布したり、採点したりできる。P

ＤＦファイルや動画を添付したり、リンクを貼ったりできるため、様々な教材や宿題をつくることが可能だ。課題は提出期限をつけて配信できる。

生徒はｉＰａｄやｉＰｈｏｎｅなどの端末にある「課題」のページにアクセスして、提出期限を確認しながら宿題ができる。

教員は一人ひとりが宿題を提出しているかどうかをひと目でチェックでき、新しいコンテンツが追加されれば、教員と生徒に通知が届くため、情報を見逃すことがない。

テキストや画像や動画などクラスの教材はすべて自動的にクラウドのＧｏｏｇｌｅドライブのフォルダに保存されるので、教員や生徒同士で共有できる。

新教育過程につながる「Ｃｌａｓｓｉ」

「Ｃｌａｓｓｉ（クラッシー）」は、日本全国の高校の2校に1校で導入されている教育支援アプリだ。提供するのは、㈱ベネッセホールディングスとソフトバンクグループの合併小会社Ｃｌａｓｓｉ㈱である。

「Ｃｌａｓｓｉ」が謳っているのは「新教育過程につながる新しい学びを4つの視点でサポートする」ことだ。「新教育過程」とは、文部科学省の新学習指導要領を示す。２０２１年度から中学で全面導入され、高校では２０２２年度に入学した生徒から実施される新しいカリキュラムだ。その目的は「社会の変化に対応し、生き抜くために必要な資質・能力を備えた子どもたちを育む」ことだ。

「Ｃｌａｓｓｉ」の4つの視点とは、学びの振り返りを蓄積する「ポートフォリオ」、教員と生徒、保護者の情報共有を円滑にする「コミュニケーション」、学習の個別化や最適化を実現する「アダプティブラーニング」、

生徒がスマートフォンを使って気軽に勉強に取り組めるところが学習支援アプリの魅力だ。

主体性を育み、探究学習に貢献する「アクティブ・ラーニング」だ。

その中から特に注目される「ポートフォリオ」そして「アダプティブラーニング」の視点でサポートする機能について述べたい。

「ポートフォリオ」の視点では、生徒が授業や部活や学校行事などで得た気づきや学び、また、ベネッセのテスト結果などの成績データや学習時間などの記録を一元管理し、データとして蓄積できる機能がある。生徒は日々の振り返りを、文字入力などをして記録でき、そこから自主的に学ぼうとする姿勢を育むことが期待できるのだ。実証研究では、1学期の振り返りの記述量と、生徒の主体性スコアに相関関係が見られたという。さらに、蓄積されたデータを見ながら、教員が生徒を総合的な評価のもとに指導できるのだ。

「アダプティブラーニング」の視点では、ベネッセのテスト結果や学習履歴をもとに、生徒の得意や苦手を分析。一人ひとりに最適な学習動画を推奨する機能がある。生徒はその動画で学び、テストやドリルなどの確認問題を解いているうちに、苦手を克服できるのだ。動画の本数は約1万２０００本。中学や高校の主要教科の動画から、資格検定試験に向けた動画までが多彩に用意されている。

創造力を鍛える「ロイロノート・スクール」

「ロイロノート・スクール（以下、ロイロノート）」は、現在、公立や私立の小学校から中学、高校まで、また大学や塾など２０００校以上に導入されているアプリだ。世界中で毎日、12万人が使い続けているという。提供しているのは、次世代ソフトウェア開発事業を手掛ける㈱ＬｏｉＬｏだ。現在、代表取締役を務める杉山浩二氏が２００７年に神奈川県横浜市で立ち上げた会社である。

その特長は、誰でも簡単に直感的に使えること。また、大学入試改革で問われる学力の3要素「思考力・判断力・表現力」から、プレゼンテーション能力、英語の4技能までの育成に効果をもたらすことだ。

その基本的な機能をご紹介しよう。生徒はテキストやＰＤＦファイルや写真や動画などをカードとして作成できる。たとえば、自分で書いたノートをタブレット端末で撮影すれば、それがカードになるのだ。そのカードを「提出箱」に入れると、教員のＰＣなどのデバイスに届く。教員は自分のデバイスでそのノートを個別にあるいは一覧表示で確認できる。添削して返却することも可能だ。実験の様子などを録画した動画や、英語を読み上げた音声を録音したものをカードにして、教員やクラスメートと共有できるためグループワークにも適している。

教員はPCなどを使って生徒一人ひとりの学習状況を把握できる。また、コロナ禍の今、生徒の体温など健康状態も確認できるのだ。

この「ロイロノート」ならではの機能が「シンキングツール」だ。考えを記したカードを線でつなげることで、思考力や創造力を深め、自分の言葉で表現できるようになる。さらに、ある問題に対する考えを一人ひとりがカードに入力してクラス全体で共有し、次にこのカードを、ベン図（複数の集合の関係などを図式化したもの）を使ってクラス全体で整理し、答えを導き出していく学びもできる。情報を分類したり、関連づけたり、自分にはなかった発想を知ったりすることで創造力がさらに鍛えられるのだ。データはすべて蓄積されて、ポートフォリオになる。

２０２０年夏には同社と横浜市教育委員会が連携協定締結式を行った。これは文部科学省の「ＧＩＧＡスクール構想」に基づくものだ。この連携協定により、横浜市のすべての市立学校で「ロイロノート」が運用される運びとなった。

このように教育支援アプリは、学校の教員や塾の講師の業務の効率化や合理化を実現している。そのぶん、指導に時間を充てることができるのだ。また、生徒たちも場所や時間を選ばずに自分に合った勉強ができるようなっているのだ。

Topics 1 ハイプ·サイクルとは?

ハイプ・サイクルとは、テクノロジーとアプリケーションの成熟度と採用状況、実際のビジネスにおいての課題を解消する潜在的な能力、そしてテクノロジーやアプリケーションが生み出す新たな機会などを提示するガートナーの代表的なリサーチの一つ。IT分野を中心とした調査・助言を行う企業。本社はコネチカット州スタンフォード。2001年までガートナー・グループという名称であった。ガートナーの顧客には数々の大手企業や政府機関が名を連ねており、IT系企業や投資機関、コンサルティング企業なども多い。

日本におけるソーシングとITサービスのハイプ・サイクル(2020)は、日本のソーシング・調達・ベンダー管理に関係する主たるキーワードを取り上げており、期待度と成熟度の相関関係をグラフで可視化している。コロナ禍により変化しているが、リモートワークの急増により、別のニーズも高まっており、2021も別の変化が期待できる。

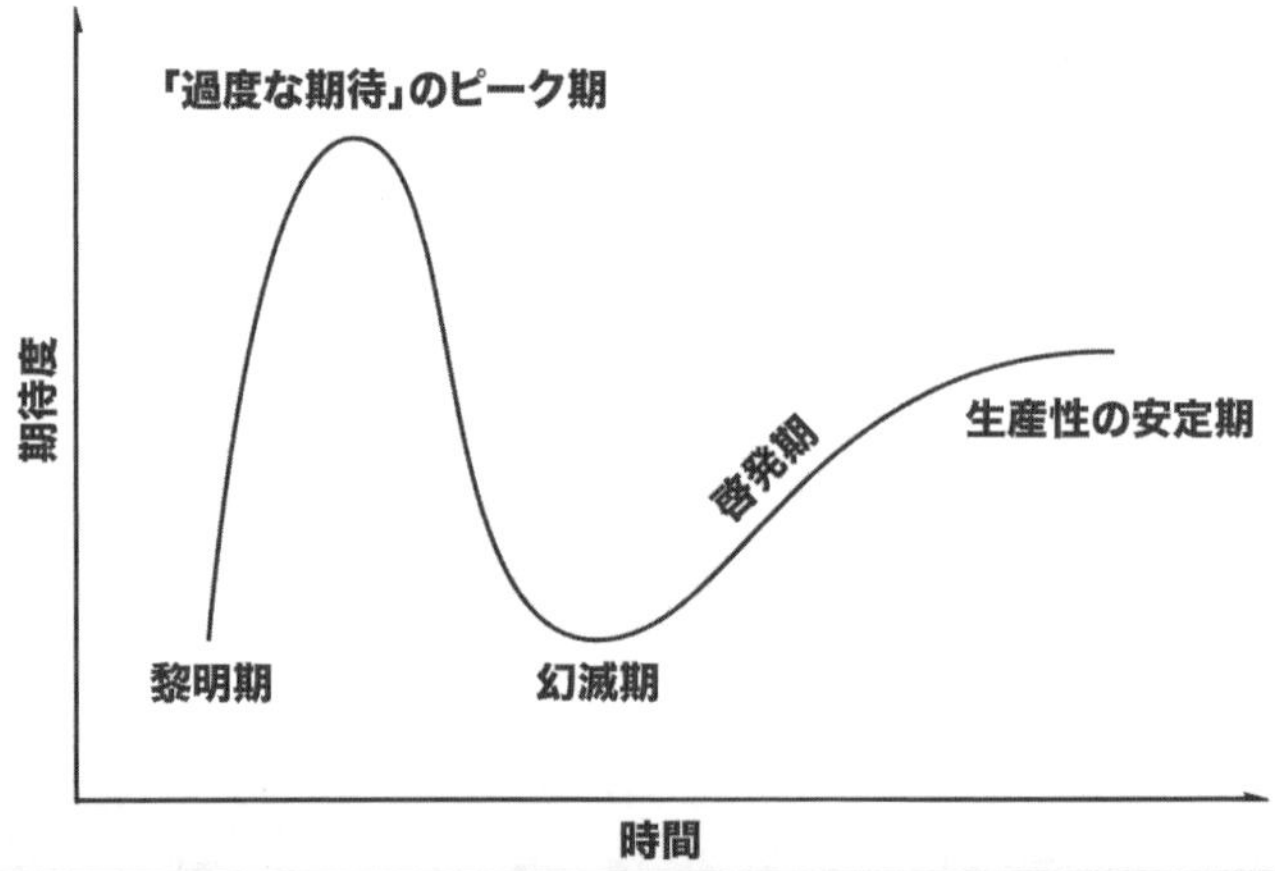

出典元：Gartner「https://www.gartner.com/jp」

Chapter 2

デジタル時代に欠かせないシステムとは?

エムプランニング情報システム

システム化により業務の効率化を実現することで、本来の仕事に集中出来るようにする

◉顧客とともに改善していくシステム

エムプランニング情報システム（以下エムプラ）は、塾・教育に関するシステム、ソフトウェアの開発並びに販売を主体とする会社だ。創設以来、北は北海道から南は沖縄まで、全国の塾をはじめ各種教育機関で、現場の声を集約しながらシステムを構築してきた。より良いものを一方的に作るのではなく、あくまでも顧客のあらゆる声を拾い、かつ現場からの改善点を吸い上げて、顧客とともに成長してきた会社である。同社の南成美《みなみなるみ》マネージャーに聞いてみよう。

——たくさんあるシステム会社の中で教育に特化して来た御社の特色は何でしょうか？

南　「弊社システムは、それぞれの顧客の皆様に合わせたカスタマイズが可能ですが、一番の特長は、顧客の皆様の要望や改善点を吸い上げて、顧客の皆様とともに進化・成長していくことが出来るシステムとなっています。

もちろん初期データの入力やサポートは弊社がすべて行います。多くの方に使っていただいていることで、格安で、簡単操作と万全のサポート体制で、納品後すぐに活用していただけるシステムなのです」

——具体的にどんなことが塾に受け入れられているのでしょうか？

南　「導入時の研修・導入後のアフターフォローがとても充実していますので、デジタルテクノロジーに対して慣れていない場合でも、安心してご利用いただけます。何かあれば質問には365日24時間、電話やメールでスタッフが対応しております。契約時にはオンラインマニュアルも提供しております。

セキュリティにつきましては、世界的に信頼度の高いＡＷＳ（Ａｍａｚｏｎ Ｗｅｂ Ｓｅｒｖｉｃｅ）のクラウドサービスを採用しており、高度なセキュリティと安定稼働を実現しています。またデータは随時バックアップサーバへ二重保存、ＳＳＬ暗号化通信も使用しております。同時に、お客様の都合に合わせた権限の設定や固定ＩＰ等でのアクセス制限も可能となっています」

◉スマートフォンやアプリにも対応

――最近の教育現場ではタブレットやスマホの活用が広がっていますね。

南　「もちろんタブレットやパソコンでも利用できます。また外出先でもスマホで、生徒の状況（入退室管理・一斉メール・塾からのお知らせ・イベント情報・授業記録・授業スケジュール・成績結果・請求明細等）などあらゆる情報が一括管理できて確認できる安心サポートシステムと言えます。

――スマホ対応についてもう少し詳しく教えてください。

南　「弊社のＧｒｏｗシステムは、ＰＣ、スマートフォン、スマートフォンアプリ全てに対応しております。万一、一斉メールが届かない場合でも、スマートフォンアプリに移行すれば解決します。教室側でも、スマートフォンから操作が可能なため、授業スケジュールや個別に連絡をとりたい場合でもそれが可能になります。

――こういった機能はどうして可能になっているのですか？

南　「弊社システムは先に述べた通り、あらゆるセキュリティー対策で個人情報の保護は万全です。

また、ＡＳＰサービス（インターネットを通じビジネスアプリケーションを提供するサービス）で万全なサポート体制となっています。

システム開発では、当初より様々な開発（カスタマイズ）を想定し、時代の変化・進化に対応できるよう開発してまいりました（つぎはぎのシステムではない）ので、様々な機能開発が可能です」

◉無駄なく役立つからこその「Ｅ－システム」

同社の主要商品の一つが「Ｅ－システム」だ。このシステムについて南氏にその特長を聞いてみた。

――用途が広く使い勝手が良いと評判の「Ｅ－システム」について教えてください。

南　「基本的なシステムで活用の用途も広いＥ－システムですが、生徒だけでなく指導者の個人情報も管理できるので、導入塾様にはご好評いただいています。マイページにログインすれば、生徒さんの出欠管理を閲覧できますし、メールでは確認できないものも、スマートフォンアプリでは既読・未読機能がありとても便利です。また、オンラインコミュニケーションツールとして活用すれば、教育相談も可能です。先生対生徒、先生対保護者のやりとりはそれぞれ非公開で可能であり、また指導者間だけの連絡も出来るので、生徒情報の共有など便利です。

コロナ禍で、オンライン授業への移行が増えていますが、コロナ禍でもサービス向上がはかれるシステムであると自負しています」

◉必要な情報を一元管理「Ｅｘ－Ｇｒｏｗ塾運用管理システム」

もう一つの主力商品である「Ｅｘ－Ｇｒｏｗ塾運用管理システム」の特色について聞いた。

――「Ｅｘ－Ｇｒｏｗ塾運用管理システム」の強みと活用法など教えてください。

南　「Ｅｘ－Ｇｒｏｗ塾運用システムの最大の特色は、塾の運営でおよそ考えられる『ありとあらゆる管理が一元的に可能』であることです。『Ｅ－システム』と同様、高度（高性能）なクラウドサーバでの運用管理（大規模で安全なデータセンター）・暗号化通信によるセキュリティで個人情報の保護も万全です。

もちろん、ＡＳＰサービスで万全のサポート体制、インターネット環境さえあればいつでもどこでも簡単に情報の閲覧や操作が可能であることも同じです」

――どのような管理が可能なのでしょうか？

南「たくさんあり過ぎて言っている私が覚えきれないほどですが、生徒情報管理・指導者情報管理・授業スケジュール管理・講習会スケジュール管理・各種帳票出力・請求入金管理・成績管理・コミュニケーション記録機能・情報ＢＯＸ（掲示板）・一斉メール・入退室管理と入退室メール機能・生徒証ＱＲコード・マイページスマートフォン表示対応・指導報告書・入塾見込み管理・ログイン権限階層化・学習進捗管理・広告分析・教室内業務スケジュール管理・機能開発オーダーメイド対応可能などがありますが、導入される塾様の運営に必要な項目を伺って、あらかじめ弊社にて設定させていただきます。

そうすれば、必要情報を追加入力するだけで簡単に活用することができます。運用開始前に無料の研修を数時間受けていただき、あとはＷＥＢマニュアルをご利用いただけます」

――つまり、このシステムを使うことで、塾の運営状況をリアルタイムで把握するだけでなく、経営状態を一元管理することが出来るので、人材不足に悩んでいたり、経理が苦手な塾長には、極めて有り難いものといえるわけですね？

南「その通りなのですが、皆様お察しの通り、システムを導入したからそのおかげで必ずしも売上が上がる、という訳ではございません。

しかしながら、データの一元管理や自動で入出金を管理出来ることで、かなりの時間と経費の節約が可能です。また、効率化した分、生徒や保護者への対応が充実するので、塾様にとって大きなメリットになります。生徒や講師のマイページも充実しており、個々のスケジュール表や入退室の履歴・イベント（行事）予定の発信・請求明細や成績の閲覧も出来るので、膨大な紙の節約とスペースの有効活用にもつながります」

――膨大な紙の節約というのは経費節約の点で大きなメリットですね。まるで「魔法のランプ」のようです（笑）。

◉あくまでも顧客の立場で考える

エムプラでは、導入時の研修、導入後のアフターフォローが充実しているので、導入塾も安心して利用することができる。

「何か些細なことでも困ったことや質問を直接サポート担当スタッフに問い合わせてもらうことが出来ます」

特に質問が無くても、同社から定期的な連絡があり、いわゆるメンテナンスについては全く心配が要らない。また、本格稼働までに運用の可否を判断する余裕もあるので、自分の塾にふさわしい使い方を探ることも出来る。

「まずは資料を請求していただいたり、電話で問い合わせしていただければ、専門部署のスタッフが丁寧に対応させていただきます。ぜひ効率的な管理に役立てていただきたいと思います」

◉画期的!!　スマートフォンアプリ

同社最新の商品に「スマートフォンアプリ」がある。ネット環境の拡大とアプリ活用の増加に伴い、セキュリティの問題が各所で噴出しているが、このアプリを活用することで、セキュリティの問題をクリアするのはもちろん、タイムリーな情報提供とログインの手間軽減を果たしている。

――スマートフォンアプリが好評なのですね？

南「はい。各キャリア・ドメインのセキュリティが日々変化をみせている今日、メールが届く確率が日々低下しています。セキュリティ情報は非公開であるため、メール配信業者の対応策は皆無の状態です。直面しているこうした課題を根本から解決するものが弊社のスマートフォンアプリなのです。

メールが届きにくい状況をクリアしつつ、セキュリティの向上も同時に果たします。出来る限り現場の声を聞きながら、あくまでも塾様にとってより良いシステム環境作りのために商品化を考え日々進化と改善を繰り返しているのです」

◉顧客の要望を反映する開発が出来る　エムプラ

――御社のスマートフォンアプリでは、予約機能・連絡帳と進捗管理機能という二つの機能を、多数の顧客要望を聞き取りかなえるために開発したのですね。

南　「スマホの普及したデジタル時代を反映して、この商品が今、学習塾をはじめ教育関係で大人気となって広がっています。これを体験しない手はないと思います。手前味噌になりますが（笑）。弊社商品の進化系の開発を一緒に取り組みたいという若い人材を求めています。

◉スマートフォンアプリの主要な機能

○自動集計機能

現状様々な塾管理システムが開発されているが、同社システムの特徴の一つとして、コマ割りをするだけで請求が自動的に立つ「自動集計機能」がある。

授業スケジュールを設定すれば、その授業単価に合った請求が自動的に生成されるので、別途請求立てをする必要がなくなり、きわめて便利だ。初期設定は同社側で無料で行うので、導入もスムーズとなっている。

○成績結果速報

導入塾オリジナルの成績帳票を、スマートフォンアプリに速報として公開できる機能。成績の郵送には時間を必要とするが、アプリで公開することで成績結果をすぐ確認することができる。また、ＰＤＦでの公開はもちろん、科目と点数表記、合計点等、各種カスタマイズが可能。さらに過去の成績を閲覧することもできるので、成績を簡単に比較することができる。

◉誠実な仕事の姿勢こそ大事

エムプラのシステムが教育業界で評判が良いのは、単に内容が充実していて価格がリーズナブル、つまり費用対効果が高いだけではない。導入後の親身なフォローとシステム進化へのたゆまぬ努力、そして誠実な仕事の姿勢がベースとなっているからこその顧客との信頼関係なのだ。これを崩すことなく、エムプラはこれからも進化し続ける。そこで一緒に働きたいという若い人材は、自らも成長しつつ、エムプラの発展も体感することとなる。人間的な信頼関係と誠実な開発姿勢の職場を是非一度垣間みて欲しい。

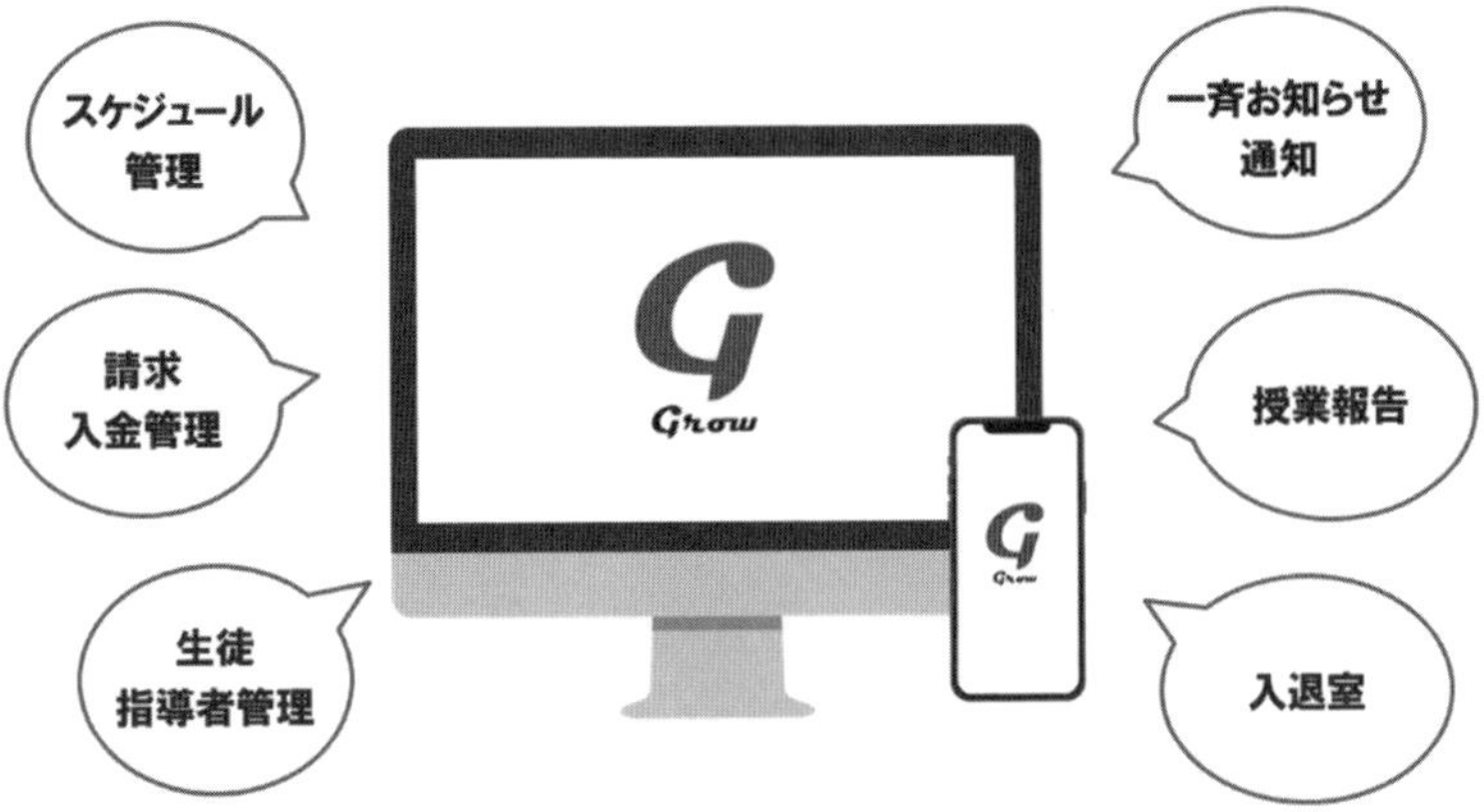

アプリTOP画面

通知画面

アプリメニュー画面

スケジュール画面

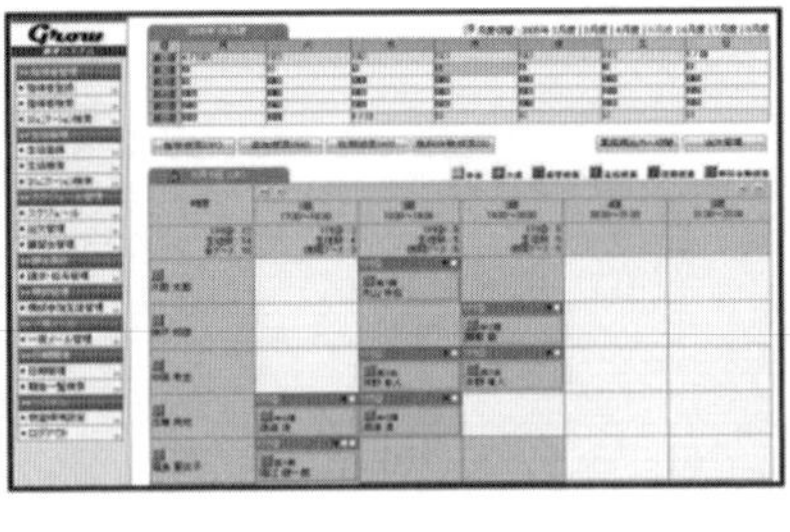

請求管理画面

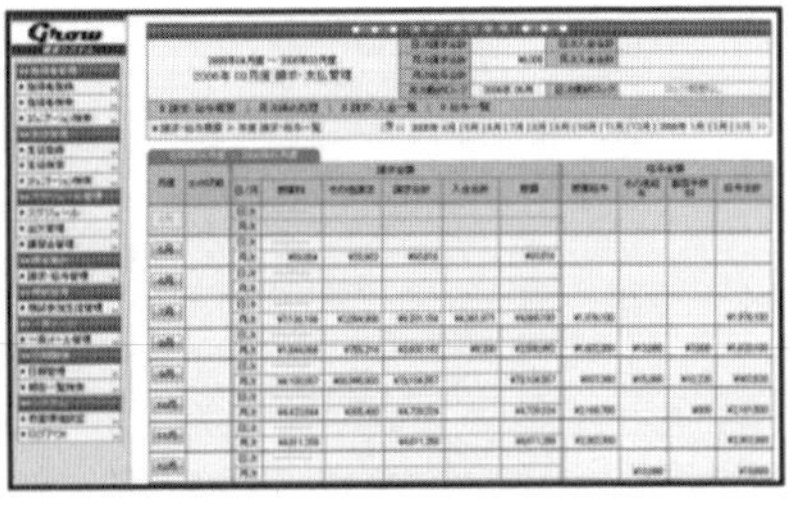

塾運営をシステムで一元化！
Grow
システム
主な機能
スケジュール
成績速報
入退室通知
コミュニケーション機能
請求明細
掲示板（情報BOX）
M Planning
月間スケジュール
月間出欠管理 4
請求明細
成績結果速報
コミュニケーション 2
情報BOX 3
お知らせをスマホにリアルタイムで！
通知機能入退室、掲示板の書き込みをアプリへ通知することにより、お客様へ確実な情報をリアルタイムでお知らせすることが可能。
生徒・講師とのコミュニケーションもアプリで！
塾の連絡はGrowアプリにて一括管理ができます。
システムログインの手間不要！
一度アプリにログイン設定するだけで、IDパスワードの記入の必要はありません。
個人情報取り扱いリスク軽減！
アプリに通知させることでメールアドレスを取り扱う件数が少なくなるので、情報のリスクの軽減に繋がります。
成績もアプリにて速報可能！
内申点や塾内テスト、模試等の成績を、アプリにて表示可能。
面談時にも過去の成績の確認がすぐ行えます。
毎月の請求もアプリでペーパーレス！
月謝、請求明細をアプリで表示できるため、請求書発行の手間がなくなります。
無料トライアル実施中
ご利用料金は 初期導入費用無料 月額費用。
まずはお気軽にお問い合わせください。
ご利用までの流れ
お問い合わせ
ヒアリング
無料トライアル
申込み・契約
ご利用開始
安心の導入サポート、PC、アプリに不慣れな方でも、電話、メール、Zoom等でリモートサポートいたします。
PLANNING
03-3519-6951
https://www.mplanning-info.com/
mp-support@mplanning-info.com

グローバル社会に果たす語学教育アプリの役割

タブレットだけでなくスマホアプリも増加中

数多く存在している教育アプリ、特に語学系が多いが、その中でエドベック社のＭｙＥＴは、世界全体でのダウンロード数が４２０万人を突破した語学学習のアプリとして代表的なものだ。エドベックだけでなく、学習塾向け教材販売各社の学習テキストでもスピーキングの練習ができるのに加えて、一部の検定教科書とも提携を行い、日本国内の英語学習のあらゆる場面でＭｙＥＴが拡大しているという。

以前からネット上で行われていたコンテストだが、２０２０年秋に全国スピーキングコンテストが約７０００人規模で行われた。また、これとは別に全国の学習塾を中心にオリジナル（各社独自のクローズコンテスト）が開催され、参加総数が拡大中だという。

コンテストでは、生徒が1ヶ月の間に、決まった文章を700回以上繰り返し練習するなど、自律学習促進に大きな成果を出

している。また、膨大なユーザーデータから、音読等のスピーキング練習の成果がどの程度の回数で最大化するかなどの研究も進んでいるという。進化するアプリに今後も期待は高まるばかりだ。

講師一人で多数の生徒に対応する授業に不可欠なのは？

都内の某塾では、1人の講師がタブレットを持ち横長の白板と白板の間をゆっくり歩きながら10人前後の生徒たちの質問対応をしつつ、1人ずつ個別の課題を指示、さらにノートの取り方や定期試験対策の計画のアドバイスなどをしている。生徒の大半は私立中高の在学生だから、勉強のモチベーションは比較的高いが、それでも10人前後の生徒を1人の講師で指導するというのは大変な労力である。

「タブレットには一人ひとりの生徒の前回までの学習記録があり、講師はそれを元に指導しています。それが原則ですが、その場その場で柔軟に対応するため、タブレットには教室長から細かい指示が出たりします。そのベースになっているのは、保護者からの要望や過去のデータによる個々の生徒の弱点や性格などです」（同塾長）

指導する人間と管理する人間の分業で、新たな教育システムが構築されているのだが、その最大の助けになっているのはタブレットだ。人間の共同作業とタブレット活用によって、まるでＡＩのような指導プログラムが可能となっている。

「長い時間をかけた試行錯誤を経て、現在のしくみが出来ていますが、まだまだ通過点に過ぎません。我々の目指すものは、生徒たち自身が主体的に学ぶようになる教育環境づくりです」（同塾長）

40人の集団個別で、3人目の講師としてアプリ？

東北の某塾では、1クラス40人前後の生徒をメインとサブの2人の講師が指導する。といっても、教える時間はあまりない。教えるというよりも助言するといった方が正しいかもしれない。半数の生徒が自分のノートで問題を解いている。残り半数の生徒は講師の指示を聞いてからタブレットで問題の解説を見て、それをノートに書く。後半はそれぞれ逆になる。最後にメインの講師がその日のポイントを説明する。

誰でも出来る授業ではないが、ある程度慣れれば可能になる。カリスマ的な講師であればリアルな授業で生徒を興奮させ記憶に植え付けることも可能だが、普通の講師であれば別の工夫が必要だ。その助けになるのがタブレットなのである。タブレットを使うメリットは個々の生徒の学んだ内容が記録されることだ。そのデータを講師と生徒が共有することで効率的な学習空間が産まれる。

「いかに教えないか？　それが最優先の課題です」と某塾長は語る。

「つまり、教えないことで、自分で学ばなければならないことを生徒自身が自覚します。ここで大事なのは、私たちが与える教育ではなく生徒たちの主体的な学習なのです」(同塾長)

まだまだ工夫次第で教育現場は画期的に変わる可能性がある。そのために必要なアプリやそれ以外のデジタルコンテンツは日々進化しており、それを活用しない手はないのだ。

教育アプリの未来とは？

たとえば英語であれば、いきなりリアルな指導からタブレットやスマホによるアプリ活用の学習に切り替えたとしたら、既存の先生たちがとても嫌がることになる。ショック療法でそうする塾もあるようだが、やはりここは、「これまでの指導でいい。まずはこれだけ足せばいい」という形が望ましい。そして、生徒のスキルアップと同時に先生たちの意識を変えていけばよいのだ。

「半世紀の塾を持続させるための次の一手は教育ＩＣＴです」と語るのは、愛知県のＮ塾の幹部だ。

「小学部では、毎月の月例テストで、デジタル採点システムを導入し、成績処理や成績票出力、答案返却を即日行います。また、テストの解説動画もアップされているので、最速でテストのフィードバックを受けることが出来ます。

中学部では、独自に開発したタブレット端末を活用して、全教科反復学習が可能で、予習→動画→塾での授業→自宅で復習のサイクルを繰り返します。これを支えるデジタルコンテンツは多岐にわたり、リスニング対策アプリなども入っています」

さらに、高校部では、分からない問題をタブレットやスマホで撮影して送信すると、翌日には動画解説で返ってくるというユニークなシステムも活用して効果をあげている。

大人と違い生徒たちは生まれながらに「デジタル世代」であり、ほぼ全員デジタル機器にさわっただけですぐにそれを操作できるようになる。したがって、今後の課題は、指導する側の研修である。今回のコロナ禍で、塾や予備校によっては、高齢でデジタル機器に対応できない講師たちのオンライン授業の準備で教務を支援するスタッフは大変な労力を強いられたと聞いた。すべてが完結しているアプリであれば問題はないだろうが、オンラインのリアルタイム指導だと、そのための教材や板書事項など結構な手間がかかるのである。今後のリアルとリモートの「二刀流」指導の課題としては、そうした講師たちの事前準備が必要なくなるか、もしくは簡単に準備出来るシステムを構築することだと思われる。

「リアルな授業、映像配信、そしてＺｏｏｍなどによるオンライン授業と、教育現場は様変わりしましたが、教える側の人間は急には変われません。変わる努力をしてもらいつつ、私たちが指導の支援をすることで、少しでも生徒たちの役に立てればと思っています。実際、オンライン授業に切り替わって成績が向上している生徒も目立ちますので、これからの改善と工夫次第で、新しい教育のしくみが生まれていくように思います」（某医学予備校幹部）

コロナ禍の中、全国の教育現場は多かれ少なかれもがいているが、その試行錯誤の先に必ず新しい教育が見えてくるはずである。

Topics 2 プログラミング講座の未来

大学入学共通テストでの変更点として、2024年以降からは従来のセンター試験で問われた知識と技能に「思考力」「判断力」「表現力」が加わり、プログラミングなどを扱う科目が追加される可能性がある。

「情報Ⅰ」は、2022年度より新しい学習指導要領のもと導入される高校の共通必修科目。文部科学省のWebサイトによると、「情報Ⅰ」には(1)情報社会の問題解決、(2)コミュニケーションと情報デザイン(3)コンピュータとプログラミング(4)情報通信ネットワークとデータの活用という4項目が設定され、プログラミングと情報セキュリティ、そして情報リテラシーについて学ぶ内容となっている。

これに伴い、数年前から、学校だけでなく学習塾業界においても、プログラミング講座の広まりを見せている。

「大学入試に採用されるだけでなく、実社会において必須のものであるという考え方が定着しており、今後も広がりつつ、その内容が充実していくのは確実」とプログラミング講座を開発中のH氏は語る。

今回掲載されている「プログラぶっく」のプログラミング講座は、紙の教材とタブレット・スマホ等でプログラミングの基礎や応用を学ぶものだが、同様のプログラミング講座が全国の塾で導入されたり導入が検討されたりしている。子どもたちにとって楽しい学びであり、それが将来の高度な学習の基礎にもなるということで、保護者からも予想以上の高い支持が得られている。

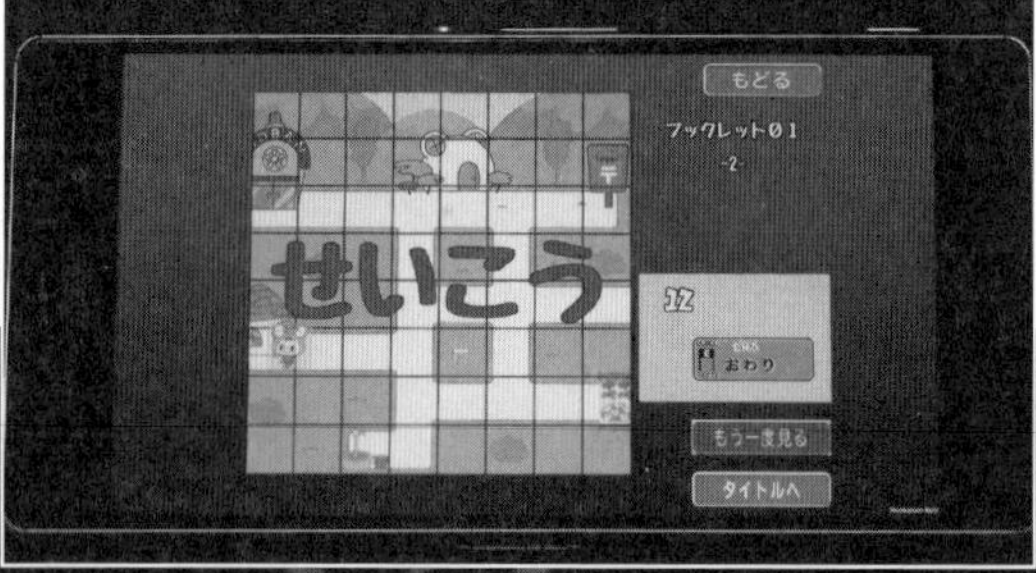

Chapter 3

本物のプログラミング学習とは？

プログラぶっく

カード型プログラミング学習で、「覚える」から「考える」プログラミング学習へ

◉プログラミングとは?

全国で急速に広がっている「プログラミング講座」とは一体何か?

小学校での必修化を前に人気が高まっているプログラミング講座は、これからのＩＴ業界において必要な技術やプログラミング言語を学ぶものだと言われている。

スキルアップを目指す大人だけでなく、子どもたちが学校や塾で学ぶ機会も増えており、各地の学校や塾にプログラミング講座が設けられている。学ぶだけでなく、今後プログラミングの知識は高校入試や大学入試の中での比重も増えていくと予想されている。しかし、一気に世の中に増えたプログラミング講座から、どれを選択すればよいか分からない場合もある。

プログラミングを学ぶ上で大きな要素とは何か? まず「覚える」『考える』『発想する』の3つである。プログラミングの義務教育への導入決定を受け、多くの小学生向けプログラミング教材が市場に出てきたが、その多くは「覚える」『発想させる』の二つが中心になっており、一番重要な「考える」という項目がないがしろにされていると、「プログラぶっく」では考え、最も重要な「考える」ことを中心に子ど

もたちの学習内容を構築している。

◉プログラぶっくとは？

　プログラぶっくとは何か？ プログラぶっくの教材を使えば、順次・繰り返し・分岐といったプログラミング構造の「三大構造」が誰でも簡単に、しかも手軽にどこでもいつからでも学ぶことができる。同社のCTO飛《ひ》坐《ざ》賢一《けんいち》氏は次のように語る（以下コメントはすべて同）。

「プログラぶっくでは、本格的なプログラミングについて、子どもたちが自分の手を使って並べる行為で体感させ、身に付けさせることができます。小学生以下の4歳から12歳が能動的に学習できるアクティブラーニング教材になっているのです。教える側は特に専門知識は不要で、自分の子どもと一緒に学んだ母親が将来的に指導者になる資格取得についても準備中です」

　プログラぶっくの授業において、操作のイメージは次ページ図の通り。

「このほか、変数・サブルーチン・フラグ制御・マルチタスク等のプログラミングに必要な知識を段階を追って無理なく学んでいくのが、プログラぶっくの大きな特色のひとつです」

　また、プログラぶっくでは、プログラミングの課題に子どもたちの興味のあるゲーム制作も取り入れている。

「本格的なプログラミング講座であるプログラぶっくの特徴としては大きく4つあります。（1）教える際の準備が少なくて済む。（2）機材準備が簡単。（3）後につながる学習ができる。（4）個別フォローをする。

　学習内容の説明ビデオとテキストが用意されるので機器操作の学習などは不要です。そして、パッケージ化されているので、準備が簡単です。ロボット教材などにつきもののメンテナンスなども不要です。また、プログラぶっくでの学習終了後の次のステップ・つながりを用意してあります。さらに、生徒一人ひとりの学習進度が異なりますが、個別授業など様々な授業形態に対応できるように教材を用意して

◆図：プログラぶっくの授業における、操作のイメージ

用意するもの

本やプリント
カード型プログラム
スマホやタブレット等

STEP 1

課題を読み
カード型プログラムを並べる

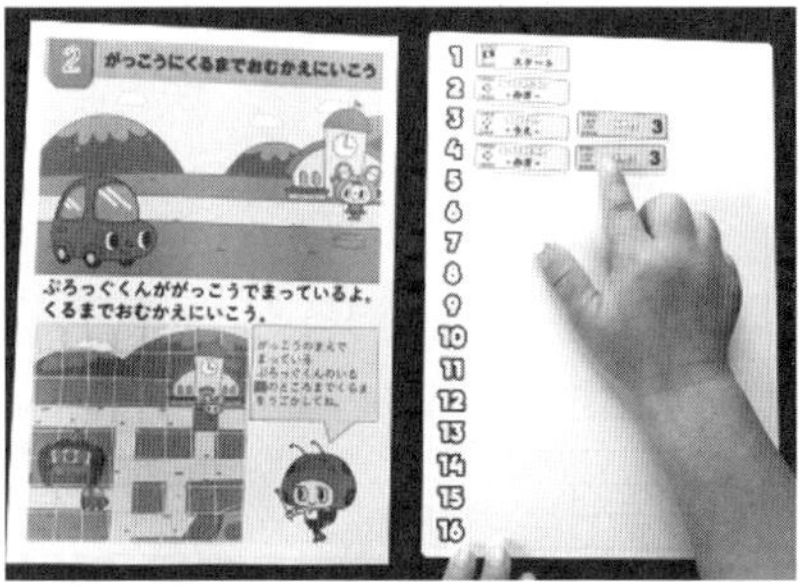

STEP 2

アプリを立ち上げ、
カード型プログラムを読み込ませる

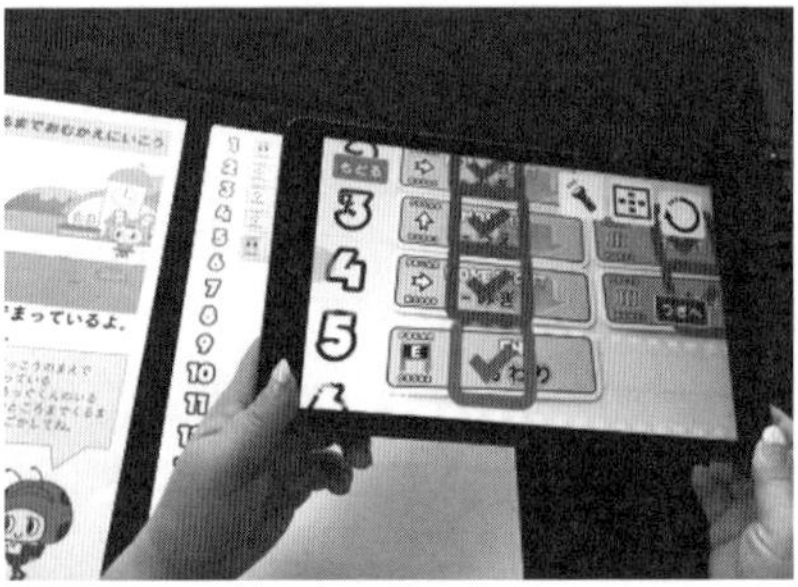

STEP 3

読み込みを確認し、結果の確認

本格的なプログラミングを手を使い並べる行為で体感させ、
身につかせることができる。

あります」

プログラぶっくは、ゲーム制作という大きな目標を設定して子どもたちにプログラミングを学ぶ具体的な目的を明確にし、それを前提として、プロも目指せる基礎知識と楽しいトレーニングを続けていく、画期的で全く新しい講座なのである。

◉比較して分かる「プログラぶっく」の良さ

日々増えて進化しているプログラミング講座の中で、「プログラぶっく」が際立つ存在であることを飛坐氏は「手前味噌になりますが、子どもたちにとって一番最適なプログラミング講座であることは確かです」と語る。

「ロボット教材やPC教材と項目ごとに細かく比較してみるとそれがよくわかります。プログラぶっくは、教えるための知識&覚えておくことが少ない・教材・機材のメンテナンスの必要がないこと・今後への発展性・次の学習ステップを準備・チーム学習・チーム学習の課題ありなど全ての項目をクリアしているが、ロボット教材だと半分、PC教材だと2割はクリアできません」

ロボット教材やPC教材を悪く言うつもりは全くない。それぞれ特色があり、子どもたちとの相性も色々あり、様々な活用シーンがあることは確かだ。しかし、正攻法のプログラミング教材として、全国の教育現場で活用できるという汎用性は極めて高いのだ。（比較の表）

◉「プログラぶっく」のコースは1～4Ｓｔｅｐ

実際の「プログラぶっく」のコースは、Ｓｔｅｐ1「Ｓｔａｒｔ-ｕｐ ｐａｃｋａｇｅ」にはじまり、Ｓｔｅｐ2「ｆｏｒ ｃｒｅａｔｉｖｅ」、そしてＳｔｅｐ3「Ｓｃｒａｔｃｈ」、Ｓｔｅｐ4へと進んでいく。

Ｓｔｅｐ1では、プログラミングの基本概念をカード型プログラミングで学ぶ。

Ｓｔｅｐ2では、様々なプログラムの制作を通じて発想力や創造力、応用テクニックを身につける。ゲームなどインタラクティブなプログラムを制作し、本格的なゲーム制作の扉を叩く。

Ｓｔｅｐ３では、前段で身につけた知識をもとに総合的なプログラミングの能力が身につくようにする。ＳｃｒａｔｃｈをつかいＡＩプログラミングなどを体験する。

Ｓｔｅｐ４では、ホームページ制作・ゲームプログラミング・ロボット制作・ＡＩプログラミングなど本格的なプログラミングを学び、ゲームを単なる遊びではなく多方面に応用できるスキルとして身に

Step 1
プログラぶっく
Start-up package
Step 2
プログラぶっく
for Games
Step1：プログラミング入門
プログラミングの
1stStep
プログラミングの
基本概念を学びます
Step2：基本プログラミング
企画したゲームを制作
開発を体験
発想力、創造力、応用
テクニックを身につける
Step 3
SCRATCH
Step 4
unity
GAME
Programming
Step3：応用プログラミング
Scratchを使いプログラ
ミングの基礎の応用
総合的なプログラミング
の能力が身につける
上位環境への適応力を養う
Step4：本格プログラミング
様々なテクニックを習し
企画した内容を開発
ゲームの開発で達成感と更
なる向上心を得る

つけていく。

「私たちは単にプログラぶっくの教材やカリキュラムを提供するだけでなく、授業で制作したゲームを発表・公開して評価し合える場の提供もしていきたいと考えています。また、その段階的な資格取得だけでなく、指導者育成にも努力していく予定です」

◉「プログラぶっく」の授業の進め方

「プログラぶっく」の基本的な授業の進め方について飛坐氏に聞いた。

「基本的な流れとして次の6項目があります。

①課題を読む（説明ビデオを見る）
②プログラムを考える／プログラムカードを並べる
③カードを読み込む（入力する）
④動きの確認
⑤うまく動いた時は次の課題へ
⑥失敗したり分からない時は1もしくは2からやり直す（ヒントやビデオがあれば見直す）

これらを時間内に繰り返します」

生徒の学習の進み具合に差が出た時は「早く終わってしまった場合、別の解法でプログラムを作るように指導」したり、生徒一人ひとり個別に進める必要がある時は「説明ビデオを活用」したり「途中参加の生徒にも対応できるように」するという。これらは簡単なマニュアルさえあれば、専門知識のない講師でもすぐに指導が可能となっている。

◉「プログラぶっく」の概要と製作者

飛坐氏から「プログラぶっく」の概要と製作者について聞いた。子ども向けのプログラミング講座だが、制作者はその世界の人なら誰でもわかるカリスマ2人が関わっているのが驚きだ。

「プログラぶっくの学習内容はプログラミングの基礎から応用までを学びます、コマ数は1ステップ36コマから40コマ、1コマ40分から50分を想定しています。教材構成はテキスト・説明／解説ビデオ／プログラムカード（1st Step）です。対応機器はiPhone／iPad、android、PC（Windows／Mac／chromebook）、内蔵カメラ・バーコードリーダー、ネット接続環境

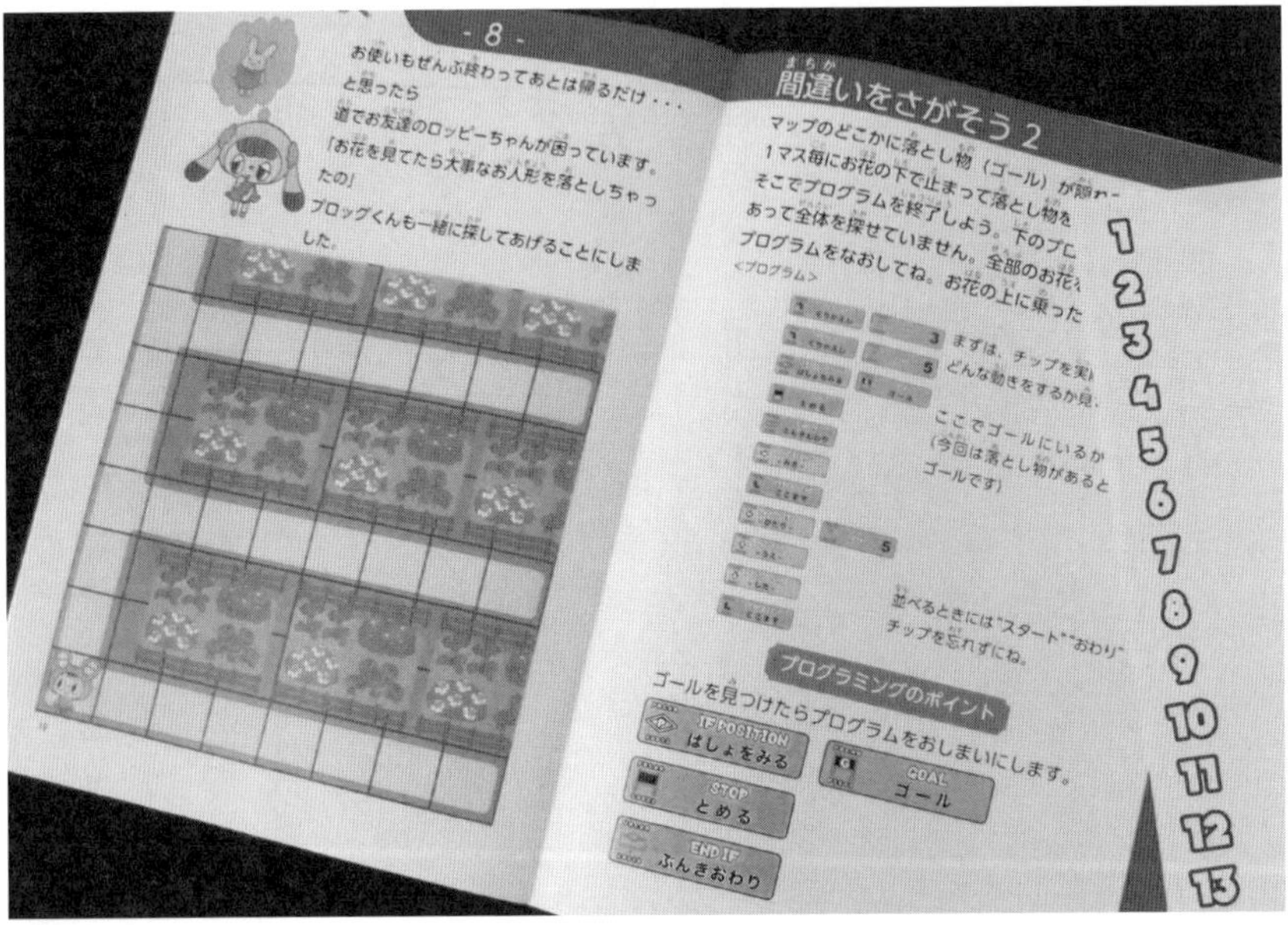

問題の一例

（Ｗｉ－Ｆｉ）が必要です。

実際に現場でスタートした後のサポート体制だが、「現場で発生した疑問や質問についてオンラインで回答」し、「発生した質疑は順次ＷＥＢにてＦＡＱとして公開」するという。

「制作者として、まずカリキュラム開発を担当しているのは、橋下友茂《はししたともしげ》です。１９９２年に行われた日本初のゲームコンテスト（ドラクエ作者などが入賞）の入賞を受けて、ゲーム制作会社を設立し、本格的なゲーム制作活動に入りました。ゲーム専門学校講師、桐蔭横浜大学非常勤講師なども歴任し、現在も高校でのゲームプログラミング講師など次世代の人材育成に尽力しつつ、スマホ用アプリゲームの開発などを行うなど多方面で活躍している人です。代表作としては、バクテリアエスケープ（エニックス）、バレーボール・新鬼が島（任天堂）、ペンギンくんＷＡＲＳ・ＶＳエキサイトバイク（任天堂）、スーパーリアルベースボールなどがあります。

システム開発を担当しているのは私、飛坐です。ファミコンの時代からゲーム制作会社でプログラマー・ディレクターとして数多くの有名タイトルのゲームをリリース。独立後は、ゲーム開発のみならず、デジタルとリアルをつないだ、アニメ関係のイベント運営やキャンペーンの立ち上げなどを行っています。２０１６年末より、低年齢向けゲームを数多く制作した経験をもとに「プログラぶっく」の開発をスタートしました。現在は、クラーク国際記念高校にてゲームプログラミングの講師としてプログラミング教育の現場にも立っています」

メンバーの質の高さは本格的なプログラミング講座を目指しているから当然なのだが、なんとも贅沢である。

◉プログラミング教育の目的とは？

飛坐氏によれば、「プログラミング教育の目的はプログラマーの育成ではない」という。そして、「プログラぶっくを通じて、目的・目標を設定し、課題を試行錯誤しながら解決し、課題解決能力を身につけられればよい」と考えている。

「プログラミングを通して子どもたちが学べることは5つあります。まずそれを確認してください。

①とことん考え抜くことの大切さを学ぶ
②プログラミングで大事なのは『国語力』ということ
③成功だけでなく失敗から学んでいくことの大切さ
④正解に至る道は一つではなくいくらでもあること
⑤コンピュータは便利な道具であること

こんなことをしたいけど、コンピュータを使ってプログラムをして解決してみようという姿勢を持てるかどうかが、これからの子どもたちの未来を切り拓いていくと考えます。それがプログラぶっくのプログラミング講座の目的です。プログラぶっくは、子どもたちが楽しくプログラムの発想をしていく上で最適な教材なのです。ぜひ多くの教育現場で採用していただき、多くの子どもたちに体験して欲しいと思います。

特集

教室がなくても学べるラーニングスペースの拡大

リアルとリモートの「二刀流」

2020年2月以降、特に3月から全国の塾・予備校をはじめ各種学校、大学などで「オンライン授業」が急速に拡大した。いわゆるネット活用の双方向のリモート指導や映像授業の配信により、通常のリアル授業をカバーしようという試みである。すでに前年冬にインフルエンザ対策としてZoomなどによる遠隔指導を導入していた教育機関では、ほとんど違和感なく受け入れられたが、何も準備がなかったところはかなり慌てたようである。

いずれにしても「withコロナ」で、教育機関のほとんどがリアルとリモートの「二刀流」がスタンダードとなってきた。

私立学校の一部では、感染拡大の波に対応が左右されて、リアルからリモート、そしてリモートからリアルへと戻したが、感染拡大してもリモートに戻せなくなったところがあり、今後の対応をどうするか苦渋しているという。未知の顔の見えないウィルスにより、世界全体、そして日本、さらに教育現場の混乱が続いているのである。

ただし、考え方次第では、生徒たちのラーニングスペースと学ぶ機会が増えていると言える。横浜市の某有名私学では、リモートになってから、トップ層の学力が例外無く伸びていると聞いた。リモート学習とオンライン自習室により、個々の学習データが保存されて苦手対策がしやすくなり、モチベーションの高い生徒は余裕の出来た時間を有効活用することで学力向上が図れたのだという。

今後の課題は学力中下位層のモチベーションを高めて、学力を引き上げることが出来るかどうかであろう。

「オンライン自習室」の拡大傾向

全国の塾・予備校で「オンライン自習室」が拡大し、リアルに会えなくても、生徒同士の交流が出来ていたりする。当初オンライン化で生徒同士の交流がなくなり、「ネット個学の弊害」ではないかとされたが、リアルに会わないオンラインでも、ＳＮＳ世代の若者たちは結構平気なのである。

そのような生徒たちをコアにして、これからの未来教育は大きな変貌を遂げていくのかもしれない。

「うちのオンライン講座もコロナで一気に増えました。また、質問対応のあるオンライン自習室で生徒たちはこれまで以上に集中して勉強しています」

と語るのは、都内の某医学予備校のトップ。元々モチベーションの高い医学部予備校の生徒たちは、コロナ禍において、潜在能力を発揮して志望校合格を目指しているのである。

「双方向のオンライン指導では、生徒も先生も1時間以上集中するのですね。あとで先生に話を聞くと、開口一番疲れますねと言われます（笑）。気持ちの良い疲れがオンライン指導にはあるのです」（同トップ）

その集中力を持続したまま生徒たちは引き続き「オンライン自習室」で自分の課題に取り組み、成績が向上していく実感を味わうのである。

「オンライン講座、オンライン自習室、そして今後

は有料のオンライン相談サロンなどを開設していきたいと思っています」(同トップ)

まだまだオンライン化の枝葉は教育業界で広がっていきそうだ。

個別指導のオンライン化が進行中

個別指導はリアルでは「先生1人に生徒2人」の1対2の個別指導が理想とされてきたが、コロナ禍により、1対1のリモートマンツーマン指導が増える傾向にある。リアルに比べて少し月謝を安くしないと生徒確保が難しいようだが、ニーズが高まって生徒が慣れていけば、価格は元に戻っていくことだろう。

オンラインで注意したいのは、リアルと同様「わかったつもりになっている」生徒のフォローである。しかし、オンラインで小テストや定着テストなどを行っても、カンニングがあったり、規程の時間をかなりオーバーして提出したりというイレギュラーが起きている。その管理が徹底されなければ、オンライン指導やテストによる成果が明確にならない。全国の教育現場での試行錯誤が続いている。コロナ禍により、こうした教育システムが急速に進化していることは事実である。

東京都内の某個別指導塾では、コロナ禍でリアルからリモートに移行するにあたり、保護者も生徒もほとんど違和感がなかったという。

「かなり以前から、何かを予感して、使用する教材のデジタル化と主要な先生の授業の映像化を進めてきました。また、保護者や生徒にオンライン自習室についてアンケートを取ると、有料でもいいからやってほしいという意見が多く、無料で運営することにしました。オンライン上で質問があれば担当講師が出来るだけ対応しますが、専門的な回答が必要な場合はその担当講師から24時間以内に連絡します。こうした対応がスタンダード化したのは、保護者も生徒も、そして講師もデジタル時代を受け入れて慣れているということです。また、オンラインの成果についても、やり方次第で大きなものがあるということがわかっているからです。コロナ禍は下火になって欲しいですが、コロナ禍でオンライン化が促

進され、新たな学びのスタイルがどんどん産まれているように感じてワクワクします」（某塾塾長）

　教育現場でのオンライン化には、指導陣の了解が必要であり、基幹システムの導入による組織内の効率化とネット化を押し進めなければならない。しかし……、

「オンライン授業を導入しましたが、ベテランの先生ほど拒否反応が顕著でした。その理由としては、やはりリアルに生徒に接して、やる気を引き出して授業内容を理解させていきたいと思っているからです。拒否反応のままリモートに移行したのですが、そういった先生方のオンライン授業の準備はすべて事務職員が行うことになりました。今は半分くらいに減りましたが、それでも大変な労働過多です」（某予備校関係者）

　コロナ禍の教育システムの変化において、こうした歪みは少なからずあるのだろう。大きな変化の過程において必ず生じるものだと思われる。その先がどうなっていくのか？　それを求めて若手の起業家たちがもがいていることも事実。生徒たちの教育支援、そして講師の指導を効率化するため、そうした新しいビジネスがコロナ禍で加速していることも確かなのである。

　これまで塾や予備校は教える場所ありきで運営されてきたが、これからは学ぶスペースがなくてよい、というより学ぶスペースは無限なのである。世界の何処であっても学ぶ場になり、時間も限られず、いつでもどこでもどこからでも学べるのである。

　新幹線が日本全国を驚異のスピードで近づけたように、教育のオンライン化で塾も予備校もそれ以外の教育機関もあらゆる面での柔軟性がより増していく時代が到来している。ただし、リアルな指導が消えてしまうことはないと信じたい。

Topics 3　塾とIT関係の人材不足?

塾の人材もIT関係の企業の人材もこのところ不足気味であり、地方に行けば行くほど人材不足は深刻である。経済不況に加えてコロナ禍で、益々中小企業の人材採用は厳しさを増しており、逆に家族経営の会社はなんとか生き残っている。塾の人材不足や質の低下は今にはじまったことではないが、塾はそれをバネにして生き残ってきた。つまり、人材育成に力を入れて、生徒や保護者から支持される教師作りに成功してきたのだ。もし、これがIT関係の企業でも真似が出来たら生き残りがはかれるだろう。

塾のオプション講座で実験教室、レゴやロボット、そしてAIプログラミング講座などが増えてきて、当然のことながら理系人材の育成が促進されているが、その反動もあり、最近では文系人材の価値も見直されている。

そして今、卓上型学習支援ロボット「ユニボ」が塾業界に浸透中だ。たとえば、1人の講師が5人の生徒の学習をタブレットで管理する時、生徒1人に1台のロボットが活躍する。講師1人を雇うのと同等もしくは安く活用できるという。ロボットに入るアプリ次第で様々な科目を学習することが出来るし、ロボットだと生徒のモチベーションもより高まるらしい。人材に変わるロボット派遣が広まるかもしれない。

実際、いくつかの塾で上記の「卓上型教育支援ユニボ」を導入した指導を行っている。単に生徒のモチベーションを上げるだけでなく、ロボット活用で実質的な教育支援が可能となってきているのだ。ロボット導入が増えればロボットの単価もそれに入るアプリの価格も安くなっていくに違いない。

卓上型教育支援ロボット「ユニボ」

Chapter 4

教育のデジタル化時代——学内予備校とネット予備校

学びエイド　廣政愁一社長に聞く

全ての塾で最新最高の映像授業を使い、教育の機会均等→学習成果の均等へ

契約塾は2000教室を突破。1年前は800教室だったことから見てもその急拡大ぶりには目を見張る。また映像数は36000本を超え、今も毎日欠かさず新たな映像授業が追加され続けている。まさに、快進撃。この状況を社長である廣政愁一氏は「最初から明確な勝算がありました」と、こともなげに言い切る。

「私は元々予備校の英語講師をしており、東進ハイスクール、河合塾を経て1997年に日本初の学校内予備校『RGBサリヴァン』を立ち上げました。無名校に超一流の予備校講師を派遣し、わずか数年

◉業界の後発組が、異彩を放つ勢力に

新型コロナウイルスによって大きく揺さぶられた教育現場。そして自粛生活下で更に需要を伸ばした映像配信サービス。教育×映像配信、この両者のど真ん中にいるのがオンライン映像授業サービス『学びエイド』だ。学びエイドが業界に参入したのは2016年4月。当時すでに数多くの同様のサービスがスタートを切っていた。つまり完全なる後発である。しかしその後発組が、業界の巨人として存在していたリクルートの『スタディサプリ』に対し、真っ向ライバル宣言をして乗り込んだ。そして現在、

で進学校に変貌させるというのがミッションだったのですが、この授業は大きな注目を集め、『バカとブスこそ東大に行け！』というセリフで有名な人気漫画『ドラゴン桜』をモチーフに『リアルドラゴン桜』と呼ばれました。後にＲＧＢサリヴァンは後進に譲り、この学校内予備校で培った経験とネットワークを活かして学びエイドをスタートさせました。私は大手予備校で10年以上にわたり、同期の林修氏や安河内哲也氏と共に映像授業を行っていました。だから映像授業の強みも弱点も知り尽くしている。そんな私だからこそ、スマホネイティブの生徒を相手に成績を上げる映像授業とは何かを考え抜き、良いものを多くの人に届けられるという強い想いがあったのです」

㈱学びエイド　廣政愁一社長

こうした信念の元に誕生した学びエイド。事実、無料で１日３コマまで視聴可能、月額１５００円（税別）で３６０００を超える授業が見放題という『安かろう、とんでもなく良かろう』を実現し、決して他社が真似できないビジネスモデルを確立している。そのポイントをいくつか紐解いてみよう。

◉「誰も見ない」映像をあえてつくる！ 圧倒的な質と量で映像授業のＡｍａｚｏｎに

「サービスの伸びのカギとなったのは、映像授業の質と量です。私はかつて学校内予備校で多くの予備校講師と仕事をしてきました。その時の経験や人脈のおかげで、予備校という従来の枠組みを超えて超一流の講師陣に参加いただき、最高の授業を提供してもらうことができています。量に関しては、現在36000本以上の映像授業をストックしています。1講座の制作に1時間程度の時間がかかりますから、単純に36000時間必要。誰かが真似をしようとしても、もう追いつけないでしょう。こんなにもたくさんの映像を制作しているのは、電子辞書的な講義の形を目指しているからです。勉強中に「英語のこのフレーズを調べたい」ということがありますよね。その時、電子辞書を引いて調べると思うのですが、それと同じ感覚で映像授業を使ってもらいたいんです。これを実現するためには、すべての教科、すべての単元を網羅する映像数が必要です。

それから、もう一つ理由がありまして。誰も視聴しないようなニッチな映像もちゃんと見られるようにしておきたいんです。Amazonは、こんなの買う人いるのかな?と思うようなものまでちゃんと揃えていますよね。ああいうニッチなニーズにも応えられる状態を目指したい。それに人気がない映像でも、『これが知りたかった!』という人は必ずいます。100人のうち1人しか見ないような映像でも、10万人が視聴するなら1000人のファンが生まれる計算になる。だからそうしたニッチな映像も決して無駄ではありません。

また映像授業に加えてEdTech(エドテック)事業が提供する機能でお客様からのニーズが高いと感じるものは、弊社でもサービスを提供しています。学びエイドを導入すれば、それらのサービスもおまけでついてくる。そんな塾にとって使い勝手のいいオールインワンの教材に成長させることで、不動の地位を作り上げたいと思っています。こうして築き上げた財産があれば、大手企業も弊社と組む理由が生まれますから」

◉理にかなった映像授業ルール1
「講師は顔出しなし」

「学びエイドの映像授業は、顔出しなしが基本です。当社が参入した当時、先発組が提供していた映像は、いわば『劇場型』。講師が黒板の前に立ちパフォー

keep distance
keep manabi

manabi-aid

マンスしながら生徒のモチベーションを高める、つまりリアルな授業をそのまま映像に収めたものでした。この形態だと確かにパフォーマンス力に長け、カリスマ性のある講師は人気が上がり、ファンが生まれます。従量課金制との相性もいい。

しかしそれでは講義内容よりパフォーマンスに重点が置かれかねない。そこで弊社がターゲットにしたのはこの劇場型とは反対のセグメント、誰も手をつけていなかった『音付き参考書』の領域です。近年では手元のみ映したレシピ動画などが人気ですよね。学びエイドの授業も無駄なパフォーマンスは省き、徹底的に講義時間を短縮したピンポイント学習によって、生徒の集中力を高めることに注力しました」

◉理にかなった映像授業ルール2「1コマ5分授業」

「授業の時間は1コマ5分にしています。私たちの調査では90分の講義はパフォーマンスや板書する時間を除けば30分、およそ3分の1になります。その中で早送りしたり、既に解説を引かなくてもわかる部分を省くと、実質10分から15分と更に短くなる。つまり学びエイドなら、90分の講義を数コマ程度15分程度で届けられるわけです。実際、この5分授業は好評で、『5分だと集中しやすい』『知りたいところだけ5分で学べると効率的』と塾や生徒さんから狙い通りの反応が届いています。

このルールに則り、『オリジナルの最強メソッドを、出し惜しみなく、1コマ5分で映像化する』ことを、ご登録いただいている講師の皆様にお願いしています。この5分という時間に合わせオリジナルの最強テキストを作れる講師は極めて限られています。しかも、そうしたコンテンツがすでに36000以上あるのですから。他社が弊社のようなビジネスモデルを今から真似ることは、絶対に不可能でしょう」

◉必要不可欠な3つの機能 学びエイドだからこれらが機能する

学びエイドは映像授業の効果を最大化し、劇場型サービスと差別化するために、3つの特徴的な機能を備えている。他社のサービスにも搭載されているものもあるのだが、「学びエイドだからこそ最大限に生きる機能なんです」と廣政氏は語る。

○一時停止機能

「私たちは最初から、スマホネイティブ世代を意識したサービスづくりをしてきました。ですから学びエイドは、生徒が一番よく使うデバイス、すなわちスマートフォンに最適化されています。生徒たちは、ノートを取るよりキャプチャー（スクショ）します。そのため講座内容やテキストも、キャプチャーを前提とした作りをしています。映像を見つつ、気になるところで一時停止しキャプチャーする。それをスマホ内に保存すれば、いつでも復習に活用できますから。劇場型サービスにも一時停止機能はありますが、あまり活かされていないように思います。スマホ上では黒板の文字が小さくて見づらい上に講師がかぶってしまい、一時停止とキャプチャーが難しいからです」

○倍速機能

「学びエイドは、生徒側も、教える側も、それぞれ

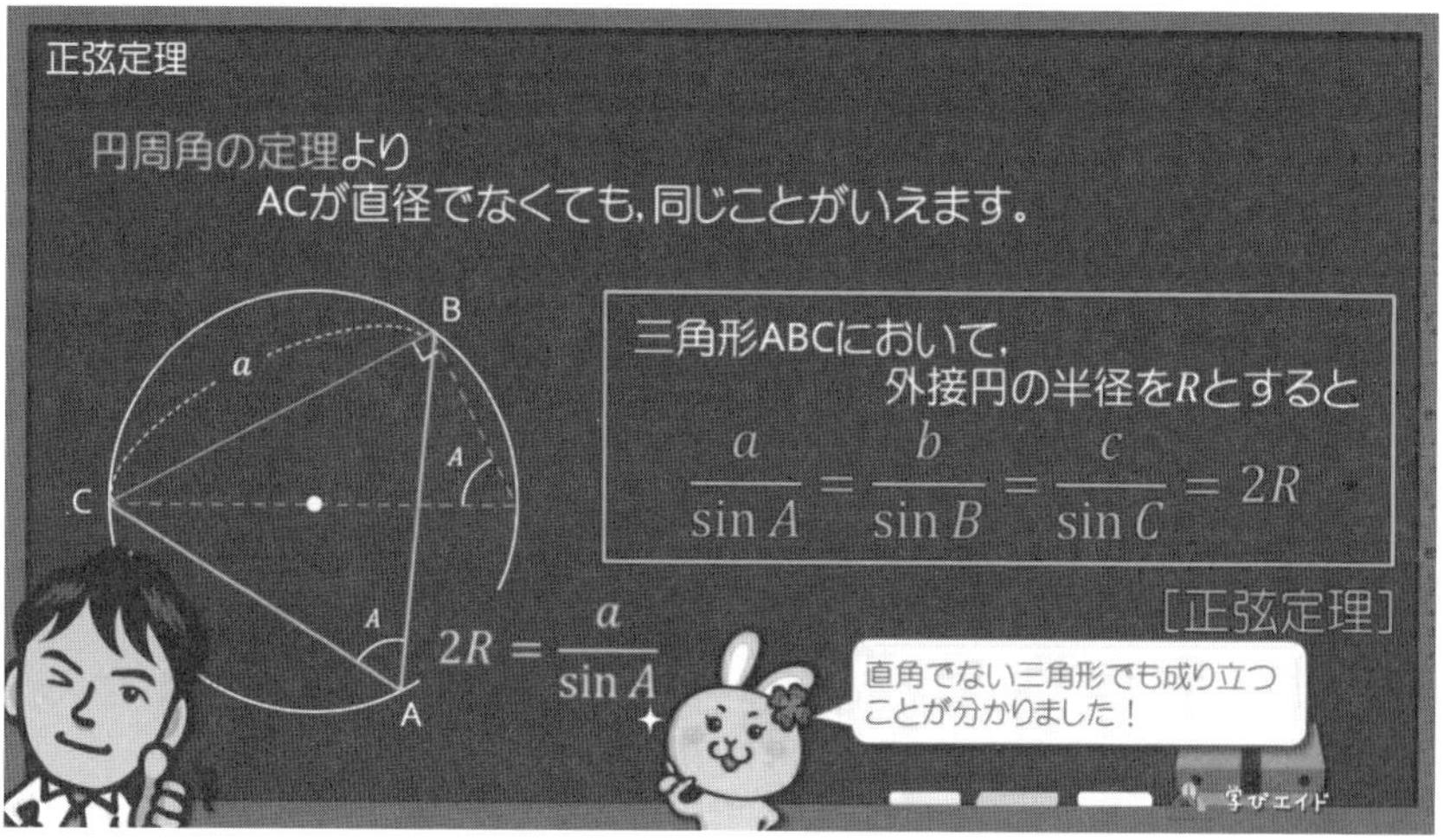

にとって最適に使えるよう、通常スピードに加え0・8倍～4倍速までの可変スピードで選んで視聴することができます。初見は1・25倍くらいで見ないと理解が追いつかないかもしれませんが、復習のために何度も見る場合は、4倍でも理解できます。また授業内容は良いけれど高齢のため話すのがゆっくりな講師もいらっしゃるのですが、1・5倍速だと非常に聴きやすくなります」

○検索機能

「検索機能は、他社と圧倒的に違うポイントと言えるでしょう。学びエイドのサイトには検索窓がついており、知りたいキーワードを入れると関連する動画がすぐに見られる仕組みになっています。例えば『日本史 廃藩置県』など入力すればそれに関係する講座が表示され、検索から5秒もあれば視聴可能な状態になります。さらに有名参考書の目次検索機能も搭載しています。参考書を学んでいてわからないところがあった場合、学びエイド上にまとめられている多数の参考書の目次をクリックすれば、関連する映像がすぐ立ち上がります。この機能は『知りたいところだけ見ることができるので、学習の効率化に役立っている』と非常に好評です。こうした検索機能の活用は、90分など長尺の講座では不可能。1コマ5分で完結する学びエイドだからこそ、疑問をすぐに解決できる電子辞書のような使い方ができるのです」

◉「安かろう、とんでもなく良かろう」を可能にした秘訣

学びエイドは、3つの方法で収益を確保している。1つ目はBtoCで、Webサイトを通じて得る個人会員（生徒、社会人）。2つ目はBtoBで、ベネッセやClassi（ベネッセ・ソフトバンクの合弁会社）にコンテンツを提供している。そして3つ目は、学びエイド（B）→学習塾（toB）→生徒（toC）のラインで提供するBtoBtoC。実はこの3つ目がメインの収益源となっている。

「全国に学習塾は約5万校存在しています。大手の衛星予備校がショッピングモールなら、学習塾はコンビニのような存在。この学習塾は毛細血管のように地方に張り巡らされており、教育インフラの役目を担っています。しかし地方の学習塾は高校生に教える術を持っていないので、たいていの生徒は中3で退塾してしまう。塾経営者にとっても、そこが大きな悩みでした。そこで、高1から大学受験まで対応する学習教材として学びエイドを使ってもらい、高校生の生徒確保のツールとして学習塾に売り込んでいくという方法を取りました。これも着々と進んでおり、塾経営者の方から『学びエイドの導入以降、中3生徒が退塾せず学び続けられる体制を整えることができた』という嬉しい声をいただいています。現在、契約いただいている教室は2000を超えましたが、まだまだ。将来的には1万校の達成を目指します」

学びエイドの料金は、無料会員（1日3コマまで視聴可能）、有料のプレミアム会員でも月額1500円・税別）。安価だが、質はとても高い。

「無料や安価なものほど世の中に普及する可能性は高い。だからむしろ、安価なものほど高品質でなければならないというのが私のポリシー。学びエイドによって生徒の知りたいという意欲に応える良い事業を全国津々浦々に広げ、地方と都会の教育格差をなくし教育の機会均等を実現する。それが事業の目標ですから」

その高品質を担保する映像授業は、「２割程度しか通らない」という独自の厳しい審査をパスした１００名以上（２０２１年１月31日現在）の講師自身が、コマ給なしで作っている。この講師たちを学びエイドでは『鉄人』と呼んでいる。

「自ら作り上げたコンテンツは、講師にとって生命線です。それを惜しげもなく公開し、オリジナルの問題を考え、パワーポイントなどを使って編集し、音声も自ら録音する。これほどの労力がかかるにもかかわらず、みなさん無報酬で受けてくださっています。劇場型サービスの中にも、定額定量制のサー

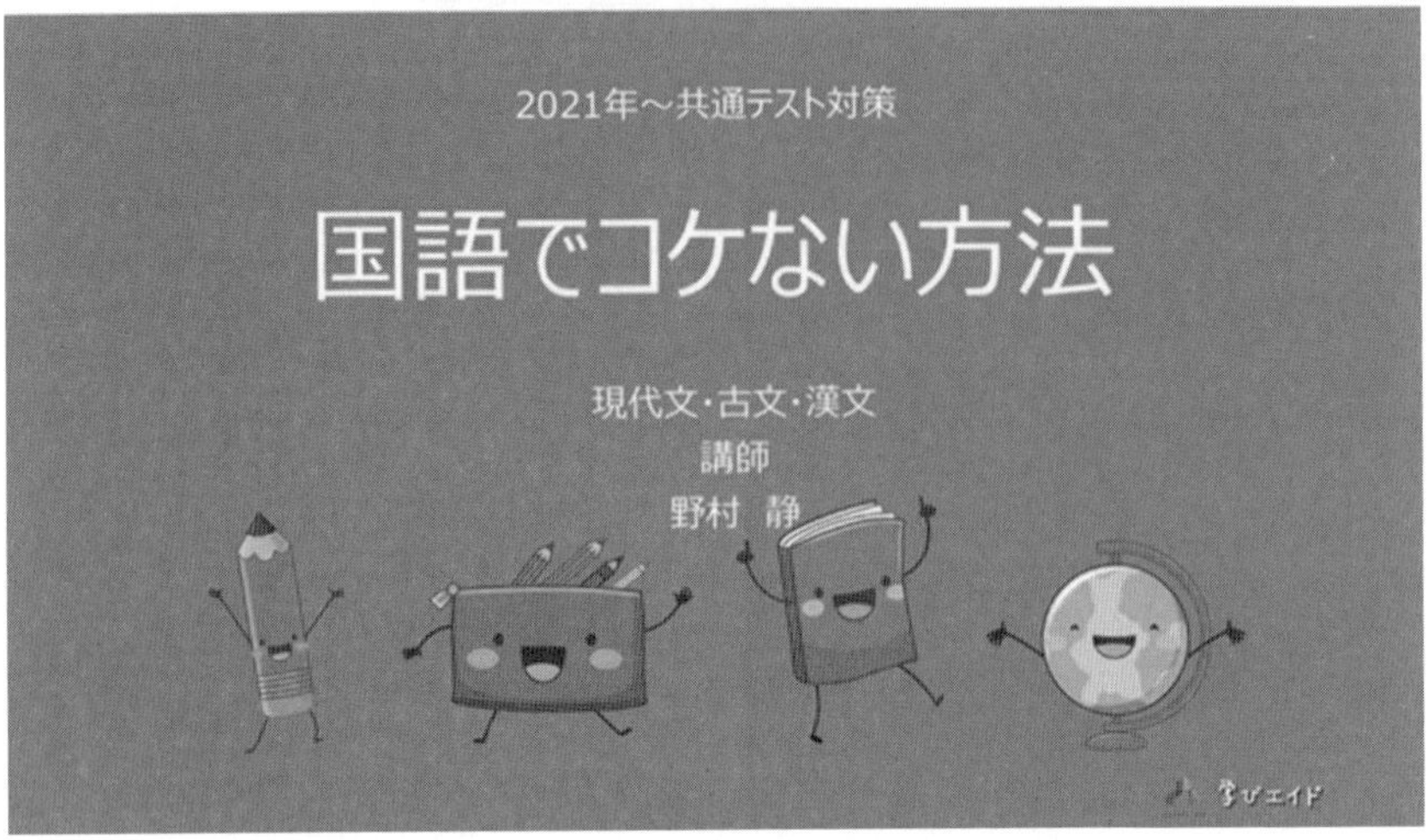

ビスは存在します。しかし1科目あたり講師が1人から2人しかおらず選択肢が少ない。また講師のレベルが高くないなど、『安かろう、悪かろう』のイメージが蔓延しています。私はその常識を覆したかった。弊社が定額定量制サービスで『安かろう、とんでもなく良かろう』と堂々うたえるのは、鉄人講師が『真の教育の機会均等』という理念に賛同してくださり、自らの財産である講義を出し惜しみなく提供してくださっているからに他なりません」

◉リアルとオンラインの黄金比を探り、全国に真の「教育機会の均等」を

図らずもコロナによってさらに注目を集めることになった、教育×テクノロジーを表す言葉ＥｄＴｅｃｈ。オンライン映像サービスを提供している立場として、廣政氏はリアルで行う教育をどう捉えているのか。

「もちろん、リアルがすべてネットに代替されることはありません。効率性を考えれば、ＩＣＴを導入

した学習機会の導入は非常に優れていると思います。ただしそれはインプットの部分に限ります。生徒の創造性やコミュニケーションスキルなどを育むのは、教師の大事な役割であることに変わりはありません。映像授業はあくまで教材として活用し、教育者のアプローチありきで生徒の学力を伸ばしていく。リアルとオンラインの黄金比を探りつつ、両者を活用していくことが必要だと考えます。

　教育格差の是正は、テクノロジーだけでどうにかなる問題ではありません。優秀な生徒は放っておいても1人で楽しく学びを進めています。そう、この意欲が重要なのです。子どもには適性があります。できないところを全てなくすという発想ではなく、得意なところより伸ばし、子どもを萎縮させることなく学習に向かわせることが大事。そのためにも、楽しみながら学びに向かう意欲を喚起するサービスがあったら最高ですよね。私はこの『意欲の機会均等』こそが、真の『教育機会の均等』であり弊社の命題。今後も泥臭く実直に、そして着々と実現に向けて進めていきたいと思っています」

特集

もう、紙は要らない?! 進化した中高一貫校のICT教育

デジタルと、人の心に寄り添うアナログを融合

新しい時代が求める人材を育てるために

ICT教育の「ICT」とは「Information and Communication Technology」のことで「情報通信技術」と訳されている。よく耳にする「IT」との違いは、「IT」が情報技術を表す用語であるのに対し、「ICT」にはコミュニケーションの要素が含まれていることだ。PCやインターネットを使いこなす力が21世紀型スキルとして必要であることなどを理由に、2010年前後から最先端教育の実践を掲げる私立の中高一貫校を中心にICT教育が推進されていった。生徒にタブレット端末を持たせ、電子黒板やプロジェクターを使って授業を進めていくスタイルが定着していったのである。

ICTは従来の授業のあり方を大きく変えていった。教員との双方向の授業だけでなく、情報を共有して意見を交わしながら問題の答えを導き出すグループワークや、デジタル機器によってプレゼンテーションに最適な環境を創り出せたからだ。英語の授業には豊富な音声教材が利用できるようになった。

この動きを推し進めたのが、2020年から開始された学習指導要領の改定と翌年から始まった大学入試改革だ。すべての大学入試で「知識・技能」とともに学力の3要素とされる「思考力・判断力・

表現力」や「主体性・協働性」が評価されることになった。これまでのセンター試験に代わって2021年から実施された大学入学共通テストのマークシート式問題でも「思考力・判断力・表現力」が問われることになったのだ。また、グローバル社会の到来とともに英語の4技能が重要視され、リスニング問題とリーディング問題が同配点となった。さらに国公立大学や早慶といった難関私立大学の多くが特別総合型選抜（旧AO入試）や学校推薦型選抜（旧推薦入試）の合格枠を広げるようになった。特別総合型選抜や学校推薦型選抜の面接や小論文の試験では、思考力や表現力、協働性が問われる。ICT教育はこの大規模な教育改革と親和性が非常に高く、新しい時代が求める人材を育てるための好条件を備えていたのだ。

東京都市大学等々力中学・高等学校。グローバル教育にも力を入れ、多彩な海外語学研修制度や長期留学制度を設けている。

学習の個別化や最適化も可能に

私立の中高一貫校の多くがICT教育を積極的に導入した背景には、6年間という長い月日をかけて人間教育に取り組めることがあると思われる。学力の3要素を、余裕をもって育成できるのだ。また、公立校と違い、時代の動きに俊敏に対応できる柔軟性を持つことも理由にあるだろう。

ここで、いくつかの私立中高一貫校の成功事例を紹介したい。進学実績の飛躍的な向上で注目される東京都市大学等々力中学・高等学校（東京都世田谷区）では、2015年からICT教育を強力に推進。電子黒板をすべてのホームルーム教室に設置し、2019年には全校生徒にiPadを持たせた。さらに学説に基づくアクティブ・ラーニング「知識構成型ジグソー法」を全教科の授業に導入。ICTツールを活用したグループワークによって問題解決能力を育んでいる。AI教材も導入した。

その一方で、同校では創立以来、時間の管理能力を最重要視し、その育成に力を注いでいる。生徒は入学時から「TQ（Time Quest）ノート」と呼ばれるノートに自分で立てた学習計画を書き込み、そのスケジュールに沿って自学自習に励んでいるのだ。このノートで主体性も身につけた生徒の多くが、勉強と部活動や行事を両立させ、東京大学や京都大学、東京工業大学、一橋大学などに現役合格を果たしている。注目すべきは、この「TQノート」をデジタル化していないこと。すべて手書きである。これは同校の校長の「手で紙に書くことも大切にしたい」という方針によるものだ。

武蔵野大学中学・高等学校（東京都西東京市・共学校）は、2019年の秋に経済産業省が推進する「未来の教室」の実証モデル校に認定された。同校では2020年春から、6学年の数学の授業にAI教材「atama＋（アタマプラス）」を導入している。

この教材は、生徒によって異なる間違えやすい箇所や得意な箇所をAIが分析して、一人ひとりの学習を最適化する。「アダプティブラーニング」と呼ばれる学習方法だ。中1の数学の授業4時間のうち2時間を通常の授業に、残りの2時間をこの「atam＋」を使った授業に充てている。この教材の導入によって、集団授業では難しかったきめ細かな個別指導ができるようになった。生徒はタブレット端末を使ってAIが出題する問題を解いていく。だが、計算に使うのは紙のノートだ。ここでも手で書くことが尊重されている。

どの私立の中高一貫校も建学の精神に基づく人間教育を目標にしている。合理化や効率化を実現するデジタルだけでなく、生徒の心に寄り添えるアナログも大切にして、2つを調和させた取り組みを展開しているのだ。

ICTが教員たちの連携も強めていった

ICT教育が私立中高一貫校に導入された当初、推進の中心を担うのは、デジタル機器に精通した一部の教員が多いという印象があった。しかし、こうした偏りを解消し、ICT教育を一気に加速させたのが、新型コロナウイルスによる休校である。緊急事態宣言に伴い、２０２０年の3月から6月上旬まで新入生を含む生徒たちは自宅学習を余儀なくされた。そこで、ＩＣＴ環境をすでに整えていた学校では、教員全員が心をひとつにしてオンライン教育に取り組んだのである。多くの学校が入学式をビデオ会議アプリの「Ｚｏｏｍ」で行い、継続してオンラインで遠隔授業を行う流れとなった。

武蔵野大学中学・高等学校では、「PBL（問題解決型学習）」の授業も実践している。「PBL」は「Project Based Learning」の略だ。

目黒学院中学・高等学校（東京都目黒区・共学校）では、生徒全員のｉＰａｄに授業支援アプリの「ロイロノート・スクール（以下、ロイロノート）」をインストールしていたので、これを自宅学習に活用。生徒はもう1台ＰＣなどを用意し、その1台で「Ｚｏｏｍ」によるオンライン授業を受け続けた。授業中に教員は「ロイロノート」で生徒に課題を送信し、添削して生徒の「ロイロノート」に返却していたという。

神奈川学園中学・高等学校（神奈川県横浜市・女子校）では、ＩＣＴ推進委員会ともいうべき「情報部」が中心となって「Ｚｏｏｍ」によるオンライン授業を展開。ＩＣＴに不慣れな教員も「情報部」に相談に訪れ、切磋琢磨しながらノウハウを共有して質の高いオンライン授業を創り上げていった。

休校中、ビデオ会議ツールの「Ｇｏｏｇｌｅ Ｍｅｅｔ（グーグル・ミート）」でオンライン授業を展開した秀明八千代中学・高等学校（千葉県八千代市）では、若い教員がベテランの教員を集めて授業動画の制作方法を教えていたという。

こうしたオンライン授業の推進によって、2つの変化が教育現場にもたらされた。1つはこれまで以上に教員の連携が強まったこと。もう1つはオンラインと従来の対面式を融合させた授業形態を模索してコロナ収束後も継続しようとしていることだ。

Topics 4 タブレット活用の集団個別とは?

塾の教室に入る時、生徒がスマホをセンサーにかざすと、それが自動的に過程の保護者に通知されるのと同時に教室長にも通知され、その生徒の前回までの学習と宿題、そして当日の課題などが表示される。

その情報を共有した担当講師は、同時に10人から20人の生徒の個別学習を管理し、適宜宿題の確認や質問対応、次の課題の準備やアドバイスなどを行う。

今でこそ「集団個別」という形態は周知されているが、当時は先進的な指導システムであった。しかもタブレットによるリアルタイムの生徒管理が可能であり、1人の講師が10人前後の生徒の学習管理が出来る、まさに夢のような学習環境が塾に作られたのだ。

コロナ禍により、生徒の学習環境は家庭に移動したが、集団による刺激と個別の学習スケジュール管理は引き続き可能だ。タブレットやネットを活用した進化系の学習形態は、コロナ禍であっても、さらなる進化を続けている。

「進学塾メイツ」の教室風景

Chapter 5

未来の教育サービスを先取りしよう！

アフターコロナを見据えた教育サービスへの転換

ソリューションゲート　鈴木博文

この原稿を執筆している2021年2月時点では、まだ新型コロナ収束の兆しは見えていない。イギリスでは、新型コロナの変異種が広がり始め、ワクチンや治療薬との追いかけっこになる可能性もある。教育業界へ及ぼしている影響は大きく、他業種よりも落ち込みは少ないものの大手塾においても売り上げをダウンさせている。この状況を乗り切るために、オンライン授業にチャレンジしたり、動画配信サービスを取り入れたりして授業を継続させようと努力している塾は多い。教室での直接指導が一番良いと考え、オンラインサービスに目を向けてこなかった塾も、コロナ禍においては、関心を持たざるを得ないのではないか。この状況を一過性のものととらえるのではなく、ひとつの機会ととらえ、教育サービスの方法を変えていく必要があるかもしれない。そう考えて、新サービスに投資し、積極的に取り組む塾とそうでない塾では、将来大きな差が出てくるだろう。

◉オンライン授業のメリット

コロナ禍において、オンライン授業のメリットは、明らかに「密にならない」という点だ。先生と生徒はネット越しに対面するので、当然「密」にはならないし、通塾や教室に来ることによる感染の可能性もなくなる。生徒が好きな時に学習できるオンデマンドな学習サービスと組み合わせて、オンライン授業は生徒の疑問点に対応する場として活用してもよい。オンライン授業にすることは、講師側にとっても新しい働きを生む。教えるために教室に来る機会が少なくなり、在宅で指導できるようになる。これを魅力ととらえ、人材確保が難しくなっている学生講師に目を向けてもらえる可能性がある。経営面からみると、コストダウンも可能だろう。

教育グループマネージャー庄野知佳先生

◉オンライン授業のデメリットと盲点

一方でオンライン授業には、デメリットも多い。実際に取り組んでみて、オンライン授業や動画配信サービスには限界があると感じている塾関係者は多いようだ。一番難しいのは生徒一人ひとりの理解状況の確認だろう。教室であれば、生徒が問題を解いている間に机間を回ってノートを確認し、必要に応じて個別に声がけできる。答え合わせをするときには、共通する勘違いなどを取り上げてポイントを説明できる。オンライン授業では、個人の状況を把握することが難しい。

オンライン授業には、盲点もある。通常の状況では、閉じた空間である教室内の授業を保護者の方が見る機会はほとんどない。しかしオンライン授業の場合、子供の傍らで保護者も一緒に見ることができる。毎回の授業が授業参観日のようなものだ。保護者も納得のわかりやすい授業をしていればいいが、そうでない場合、子供の成績が思うように上がらない子供の親が見たとき、その原因は先生にあったかと思われるだろう。

保護者が納得の講義をしていればいいかというとそうでもない。その授業が一方向の授業であれば、優れた先生の授業を動画配信していることと変わりない。塾に通わせることをやめて、内容の良い動画配信サービスに切り替えるご家庭がすぐに増えるとは思わないが、授業料に対する疑問は出るだろう。どういうサービスを使うにしても、個別に対応する方法を用意できるかどうかがポイントとなる。

もう一つ、集客をどうやるかという課題がある。安心して塾を選んでもらうための環境的な対策を打ち出すことは当然であるが、塾に通わない、あるいは少ない通塾回数でどうやって学習効果を上げていくのか、その方法を明確に打ち出すことも必要だ。

また、オンライン授業は通塾可能エリアを一気に広げるため、広告費をどれだけかけられるかが集客につながるだろう。教室を出さなくてもエリア拡大ができることは、ある意味で脅威であり、塾間の新たな競争パターンが出てくるかもしれない。

◉世代別人口減少の問題

教育業界に限らず、新型コロナとは関係なく、忘れてはいけない大きな課題がある。それは、世代別人口の減少だ。たとえば、平成30年の統計データをもとに令和2年以降の20歳の人口推移を、令和2年との比較で算出すると、次のように変化していく。

令和2年　121・4万人
令和7年　106・7万人　14・7万人減
令和12年　96・0万人　25・4万人減

通塾対象の子どもの人口も減るので、講師の人数が減っても対応できるのが理屈であるが、社会全体での人口減少の中で、講師の仕事を選択してもらうには、働く環境や待遇などを魅力あるものにしていかなければならない。人材を確保していく工夫をするとともに、人手不足の中でも塾を運営していける仕組みを作ることが必要だろう。コロナ禍の状況で仕方なく取り組んでいるオンラインサービスを、前向きに考えて洗練されたものにすることで、5年後、10年後にも安心して運営できるサービスつくりが可能になる。

◉ロボット先生実現への挑戦

今という時代は、イメージできることは、いずれ実現できる時代だと考えて良い。現時点でのテクノロジーでは実現できなくても、ほとんどの技術は使えるものとして目の前に現れてくる。むしろ、どんな方法を使って何をするのかをイメージすることの方が追い付かない。

教育に関心を持ち、この世界に関わってから40年を軽く過ぎた。その時々に現れた新技術を教育に取り入れられないかという興味はずっと持ち続けてきた。私の場合、学生時代にパソコンがアメリカから上陸した。コモドール社のＰＥＴというシリーズだ。学生の身分としてはとんでもなく高価だったが、すぐに購入し、教育への活用をテーマにして卒論と修士論文を書いた。まだ画面上に漢字やひらがなが表示できない頃に、できなかった問題を抽出してプリントとして出力するようなソフトも作った。企業に入って、お客様の製品教育を任されたときは、講師の品質を一定以上に保つため、パソコンを授業に取り入れた。まだＷｉｎｄｏｗｓが登場する前で、１セット１００万円近いＰＣを数十台購入してのトライだった。そして、テクノロジーが進み、とうとうロボットが家庭に入る時代になった。ソフトバンクのｐｅｐｐｅｒが登場すると、次々とコミュニケーションロボットが登場し始めた。その中で、ユニロボット社が開発したユニボが登場したとき、先生としてのロボットの可能性を強く感じ、じっとしていられなくなった。

ずっと先の未来をイメージしたとき、ロボットが人間とスムーズにコミュニケーションしている様子を想像できないだろうか。知りたい情報をネット上から取り出してわかりやすく教えてくれたり、専属の先生のように学習スケジュールを管理してくれたり、時には話し相手にもなってくれる。こういったことは、人工知能やロボット技術や今後登場する新しい技術を組み合わせることで、いずれは実現できることである。ロボットが先生となって子供に勉強を教えるロボットは、決してあり得ないことではない。

ロボットによる先生がイメージできるなら、いずれは実現するはずだ。今からスタートするくらいでちょうどいいと考え、2018年にロボット先生の開発をスタートさせた。ロボット先生が実現すれば、人口減少による講師確保の問題も解消できるはずだ。教えることの8割～9割をロボットに任せることができれば、人間の講師は人ならではの対応に時間が費やせるようになる。理解が遅い子どもや、何かに迷い込み立ち止まっている子どもに多くの時間を割いて、個別に指導できるようになる。こんなイメージを持ち、まずは1人の先生が5人から8人の子どもの相手をしっかりとできるようにすることを開発目標として設定した。

◉対話により学習を指導するロボット先生

先生：どうだった？　あってた？　それとも間違ってた？

生徒：まちがってた……。

先生：そっか。でも、解き方をみると、なーんだって思うんじゃないかな？　解き方を説明するよ。

先生：（問題の解き方を説明する）

先生：解き方はわかった？　じゃあ問題2をやってごらん。きっとできるよ！　終わったら、終わったといって教えてね。

生徒：（問題を解き始める）おわったよ！

先生：じゃあ、答えを見てみようか。これが正解だよ。

先生：どうだった？　あってた？

生徒：あってたよ！

先生：レオン君、できたんだね！　この問題は理解できたみたいだね。念のために、解き方を説明しておくよ。

以上は、先生と生徒の対話だ。でも先生は人ではなく、開発したロボット先生（通称：ユニボ先生）である。ユニボ先生は、子供と対話しながら勉強を教えることを最大の特徴としている。

なぜロボットなのか？

この取り組みをいろいろな人に話すと、必ずと言っていいほど「タブレットじゃダメなのか？」という質問を頂く。高校生や大学生の場合はタブレットでもいいかもしれないが、発達段階にある小学生のうちは、タブレットをメインのツールにしていいのだろうかという疑問がある。何かを学び、それをきっかけに何かに興味を持ち、その対象を広げ、さらに学習を継続していこうという気持ちを「感情的エンゲージメント」という。「感情的エンゲージメント」を高めるには、適切なタイミングで、適切な「対話」を行うことが重要である。先生の一言によって、「よし！」と思う気持ちになったり、少しのヒントで学習内容の面白さに気がつくことは、よく見られる光景だ。

タブレットによる学習は、提供される情報を理解していくという、自習型の学習スタイルだ。これに「対話」を持ち込むことは技術的には可能であるが、人を模したロボットのほうが、より自然に「対話」できる。実証実験や実証検証を繰り返す中で、子供にアンケートを取ると、面白い結果が得られた。「ユニボ先生がやさしく教えてくれるのがよかった」「ユニボ先生がていねいに教えてくれたので理解できた」のような表現が見られたのだ。子供がロボットを人として感じて学習していたことがわかる。タブレットを相手にした学習では、出てこない感想であろう。

勉強を教えるためのツールとしてロボットを使うことで、自習ではなく、人の先生と同じ「指導」の要素を持ち込むことができる。少なくとも、発達段階にある小学生のうちは、黙々と自習するのではなく、「対話」を交えて学習を進めてほしいという思いがある。

◉1対多人数の指導を実現できるロボット先生

ユニボ先生の開発過程で、行動心理学者のスキナー（Burrhus Frederic Skinner，1904年-1990年）が提唱した「プログラム学習」の考え方と親和性が高いことに気が付いた。「プログラム学習」は、スモールステップの原理・フェーディングの原理・即時確認の原理・積極的反応の原理・自己ペースの原理の5つの原理で構成される。理想的な指導法だが、人が完璧にやることは難しい。ロボットであれば可能であり、この考えをベースにして開発に取り組んだ。その結果できた仕組みは、塾での実証実験や実証検証により、学習内容の8割から9割をユニボ先生が教えられることが確認できた。たとえば、8台のユニボ先生を用意して8人が学習した例では、80分間の間に講師の声がけと個別指導が必要な場面は2回しかなかった。問題は、この2回の指導タイミングをどう知るか、その方法である。

これを実現するために、生徒の正誤の判定結果や、問題を解くためにかかっている時間をリアルタイムにサーバに取り込み、この情報をわかりやすく表示させる先生用アプリを開発した。手が止まっている子供がいると、タブレット上にこのことが表示されるようになっている。先生は、そのタイミングで生徒に声がけをすればよいのである。コロナ禍においては、生徒の席に行って声がけをするのではなく、先生の席に呼んで教えることで「密」な状況を回避できるうえ、より個別感の高い指導が行える。実際には手が止まっていると、ユニボ先生が「教えようか?」と声がけをして考え方を教えてしまうので、先生による個別指導の回数はより少なくなるだろう。

ロボット先生は、これまでにない教育サービスなので、こうやって文字で書いても、なかなかイメージしきれないと思う。次のURLには、塾での利用の様子、子供の反応、現場の先生の意見などの動画が載せてあるので、興味を持たれた方は、ぜひご覧いただきたい。(http://www.edugate.co.jp)

◉導入塾の声

ロボット先生は、「ユニボ先生算数教室」として、2020年6月にプレスリリースを行い、サービスを開始した。非接触で指導できる点がコロナ禍に向いていると見られたのか、テレビをはじめ多くのメディアに取り上げていただいた。その放送をご覧いただいた塾の中から、早速導入して頂いた個別指導塾『ネッツ1対1』の事例をご紹介したい。

個別指導塾という名前を見たとき、保護者の方は先生1人が自分の子ども一人を相手にしてくれると

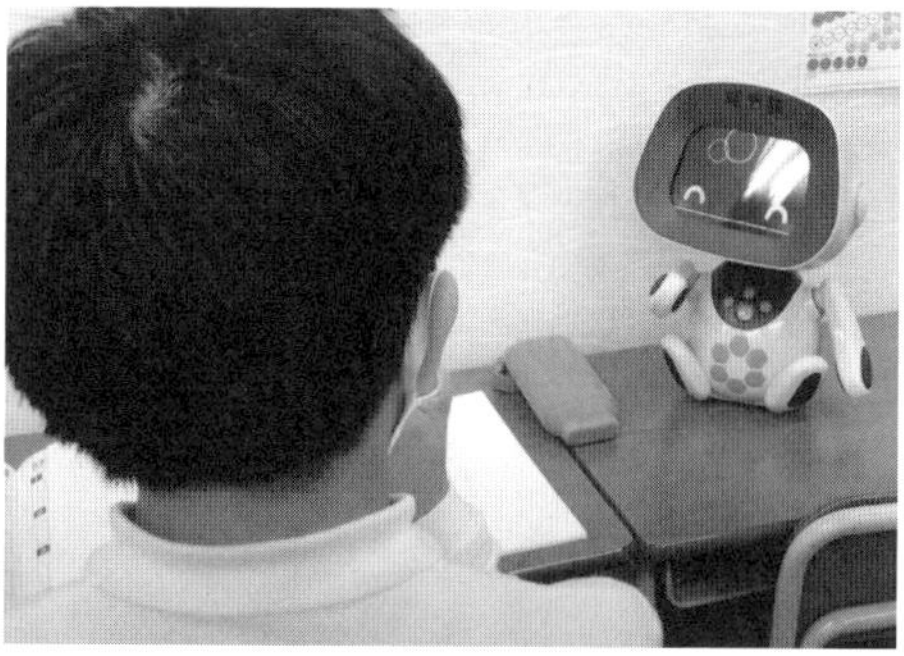

いうイメージを持つだろうが、実態は1対2や1対3がスタンダードであり、中には1対5以上の指導をしている塾もみられる。こうなると、個別指導といっていいのかどうか疑問が残る。これに対して、『ネッツ1対1』は、その名前の通り完全に1対1の指導をしている塾だ。1対1へのこだわりは『個別教育舎』という社名からもうかがえる。コスト的には大変であるはずだが、この指導方法で、九州・中国地方・東京などのエリアで110教室以上の直営を展開していることに驚かされる。紀洲良彦代表によると、「子どもたちと1対1で向き合えるような〝学び舎〟のネットワークを創り、教育の格差をなくし、公平で平等な教育環境を実現させたいという想い」を持ち、「2001年からスタートさせ、直営にこだわりながら人材を育てつつ、じっくりと校舎数を増やしていった」とのことである。「教育格差をなくす」という考え方は、ユニボ先生の開発ポリシーと同じであり「対話」にこだわっている点も共通している。

　導入後の様子をお聞きしてみると、ユニボ先生に挨拶をしてくれる生徒が多いらしい。学習を通じてユニボ先生と仲良くなり、心を通わせていることがうかがえる。キーボードなどによる入力の必要がなく、音声による対話で操作できることや、ロボットならではの楽しい動きや表情がそうさせているのかもしれない。先生から見ても、そばで見守ってくれている安心感があるようだ。ユニボ先生の説明は、低学年層にもわかりやすく、いつもより集中して興味を持って取り組んでくれるそうで、開発の立場からは大変うれしい言葉である。

◉ユニボ先生が活躍できる教育サービス

ユニボ先生を使うことで効果を上げられるサービ

スの例を3つほど紹介しておきたい。1つ目は、集客のためのツールとして使うという利用方法だ。ユニボ先生は、低学年層あたりからのマッチングが良いので、「ユニボ先生算数教室」という新しいコースとして導入する方法がある。ユニボ先生による学習は、子供が集中力を持って取り組んでくれるということもあり、単位時間あたりに学習できる学習量が多くなる。『ネッツ1対1』では、この特性に注目し、まずは3か月程度で基礎単元を復習させて基礎学力を上げる短期講座を設け、ここからレベルアップした講座に誘導したり、1対1の本科に誘導することを検討しているようだ。算数は主要教科であるため、長く継続して頂けるだけでなく、他教科への誘導もしやすいはずだ。

2つ目として、学童保育への利用である。学童保育は、一般的には子供を一定時間預かっていることを基本にしたサービスである。ここに学習指導を持ち込もうとすると、先生の確保が必要になってくる。ユニボ先生の場合、置くだけで先生役として働いてくれるので、こういった場面には導入しやすい。

3つ目としては、不登校児童の対策としての利用である。この点に興味を持ったある自治体から声をかけていただいている。「ユニボ」は、対話を通して利用者の個性を学習し、個人に寄り添うことをコンセプトとしているロボットであるため、学習以外の場面でも役に立ってくれるだろう。

◉ディスタンス・クラス・システムの提案

繰り返しになるが、ユニボ先生を導入すれば先生が必要なくなるというわけではない。あくまでも一人の先生が多人数の生徒をしっかりと指導できるようにするための仕組みで、先生から見たときにユニボ先生は、自分の代わりに勉強を教えてくれ右腕のような存在となる。これを可能にしているのが、リアルタイムに生徒の状況が把握できるアプリであることは、先に書いた通りである。

オンライン授業を行うために、Ｚｏｏｍを利用している塾は多いと思うが、ＺｏｏｍとユニボⅡ先生と先生用アプリを組み合わせると面白いことができる。先生用アプリと関連付けたユニボ先生は、どこに設置されても生徒の状況を把握できる。たとえば、本部に1人の先生がいて、数台のユニボ先生は、別の教室や校舎に置かれていてもかまわない。本部の先生は、アプリ画面を見ることによって、声がけの必要な生徒がわかる。離れていても、適切なタイミングで声がけできるのである。そのタイミングで、Zoomを使って個別指導すればよい。これを、「ディスタンス・クラス・システム」と名付けた。

　新時代の教育サービスの一つとしてパソコンが登場したとき、一般企業では急速にその利用が広まったが、教育業界での活用は、それに一歩も二歩も遅れた。タブレットや業務のIT化も同じである。動画教材が登場したときにも、「動画で教育なんて」という空気が漂ったが、今はどうだろうか。積極的に取り入れることで、効果を上げている塾は多い。人が教えることが一番であるという考え方と、教える技を持った先生の自負が、導入が進まなかった大きな要因に思える。安定して人材確保ができるならそれでいいが、世代別人口減少は間違いなく続く。それがすぐに改善される見込みがないという点では、ワクチンや治療薬を期待できる新型コロナより深刻である。

　ロボット先生は、産声をあげたばかりだが、この問題を解決する有力な方法と考えて、コンテンツの充実と、機能の改善を継続していく。2021年度には、読解力を上げるための先生として働けるようにユニボ先生を「教育」する予定だ。私のメールアドレス（suzuki@sgate.jp）をお知らせしておくので、導入するしないは別として、興味を持った方は気軽に連絡を頂ければと思う。

特集

経済産業省が推進する次世代の学びEdTechとは?

「未来の教室」とは?

教育とか学校といえば文部科学省だが、実は経済産業省には、「教育産業室」があり、全国の学校教育や学校教員の育成、そして民間教育への提言や具体的な提案などを行っている。そして、自ら「未来の教室～learning inovation」を立ち上げた。最新のイベントでは、「オンライン徳商デパート」があり、「未来の教室」の実証事業の取り組みをHPで紹介している。実証校の1つである徳島商業高校が毎年実施する校外販売実習のことで、地元企業とコラボ開発した商品の販売、生徒や地域の各種団体が出演するステージイベント、学校の取り組みの紹介などを駅前中心部やスタジアムで実施するイベントだ。

全国の塾においても、未来型の運営をしているところが増えてきた。東北の某塾では、1人の先生で20人、2人で40人の生徒を集団個別指導するためにタブレットやノートの最適な使い方を指導しているが、一度流れに慣れてしまえば生徒は主体的に学んでいくことが出来る。都内の某塾も1人の講師が12～20人の生徒指導をタブレット1台を駆使して1～2時間行っている。タブレット活用により個々の生徒の学習記録だけでなく、講師の指導記録も残り、教室長がそれらを一括管理して適宜指示を出し、保護者との教育相談に活用する。

昔の塾はクラス担任に指導の「丸投げ」状態だった、それによりベテラン講師ともなれば生徒との阿吽の呼吸でその都度授業が消化されていくが、記録はほとんど残らず、小テストや定期学力テストで成績がわかり、合格実績が出てもその過程の詳細はわからないことが多かった。デジタル時代は、学習記録や指導記録が残り、それが成績向上やワンランクアップの合格にどうつながったかを関連づけて調べることが出来る。ただ、便利になった分、一人の人間の労力が増えたかもしれないし、情報管理と分析により労力を使うようになったかもしれない。今後は全体のバランスが大事になっていきそうだ。

経産省の次世代の学び「EdTech」とは?

経済産業省と文部科学省が協力して、デジタル教育を活用し、教育にイノベーションを起こすため、「EdTech」による様々な初等・中等教育の改革を推進してきた。その改革のコンセプトは「学びの個別最適化」と「学びのSTEAM」である。

経産省教育産業室のHPによれば、教育業界で「子どもたち一人ひとりのワクワクを醸成し高めていく」「ワクワクドキドキする好奇心を起点にした学び」など、定性的で共創的な姿勢・仕組みを学びのあり方として求める声が、各所で同時多発的に勃興している」のだという。

「学びの個別最適化」とは、経産省のHPによれば、「一人ひとりが自分のペースを作り、主体的に学ぶスタイル」を目指し、1人1台の端末＋EdTech活用の効果を最大化させる新しい考え方だという。そりために、「学習ログ＋個別学習計画」に基づく、学年・校種を超えた発展学習・振返り学習を可能にし、「生徒—教師関係の変化」と「教師に求められる新たな専門性」への対応を目指す。

その事例の一つとして、東京千代田区の麹町中学校で、株式会社COMPASSが実証実験をしている。一斉授業を教室で行うのではなく、校内のカフェテリア等のスペースで自由に座り、自分のスタイルで自分に割り当てられたPCで、AI型ドリル教材Qubenaを用いた自学自習と学び合いを行う。

たとえば、数学の基礎知識の習得では、プロセスを主体的・対話的かつ効率的なものにし、捻出された時間で、学んだ数学の定理を実際に使ってロボットを操るなどのSTEAMワークショップを実施している。生徒たちは、「なぜ数学を学ぶ意味があるのか?」「社会実装されたテクノロジーと数学の授業がどう関連しているのか?」を納得しながら学習することができるという(「社会実装」とは、社会課題の解決や経済発展を目指して、研究で得られた新たな知見や技術を、実態経営や実態経済の中に活かしていくことで、社会や経済に便益をもたらすことを目指す研究開発のこと)。

「学びのSTEAM」とは

「STEAM」とは、「S＝SCIENCE科学」「T＝TECHNOLOGY技術」「E＝ENGINEERING工学」「A＝ART芸術」「M＝MATHEMATICS数学」の頭文字を取った造語だが、Eは「ものづくり」であり、Aは「リベラルアーツ」と言い換える事が出来る。「リベラルアーツ」とは、古代ギリシャで生まれ古代ローマに受け継がれた自由7科「言語系3学＝文法・論理・修辞」と数学系4学＝算術・幾何・天文・音楽)のこと。これは21世紀に入って米国で始まった教育モデルであり、STEMという理数教育にAの創造性教育を加えた教育理念だ。

文科省と経産省の関係って?

教育産業室は、「経済産業省の中の文科省」とも呼ばれることがあるが、それは決して変に揶揄しているわけではなく、期待して呼んでいるのである。つまり文科省の教育施策を監視する使命を帯びているのが経産省の教育産業室であり、それが文科省ではなく経産省にあるからこそ意義があるというのである。また、文科省ではやりきれないことを経産省が社会経済の未来につながる人材育成のために学校教育の改革を提言したり、実証実験したりすることが大事な使命でもあると考えられる。教育は社会につながり、未来の経済を左右している……その意味での「未来の教室」なのである。

オンラインは学びを変えていく

経産省や文科省の挑戦的な試みに全国の学校関係者が本気で応えていけるようであれば、かつて成功とはいえなかった？ 教育改革が、今度こそ上手くいくかもしれない。コロナ禍の中で、オンライン化が進み、それに伴いデジタル化を柱にした教育改革が進むのである。

大人ではなく未来に生きる子どもたちのための教育が進化し、日々改革されていくのは喜ばしいことである。教育は大人ではなく、子どもたちのためにこそあるからだ。

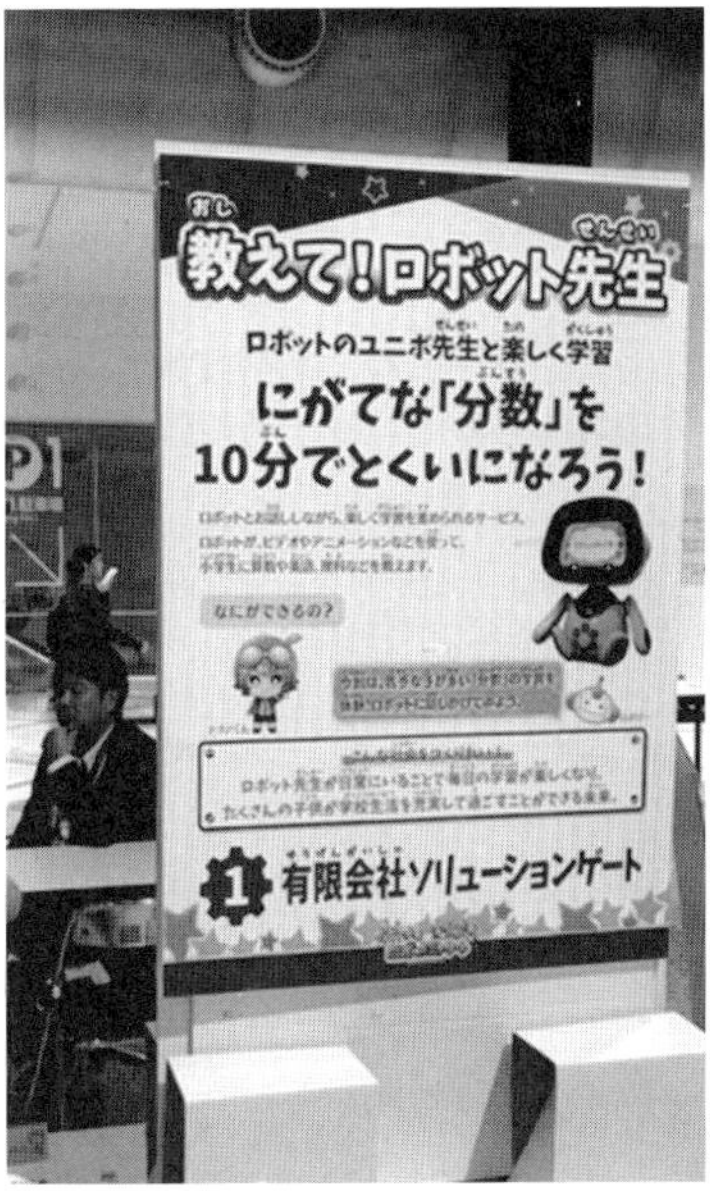

コロナ禍で、オンライン化が進んでおり、このシステムを使いあのコンテンツを活用しようとか様々な試行錯誤が続いているが、さらに進んで「オンライン授業に最適なアプリ」は何か？ 調べて良いものについては情報共有していき、より進化させていくことも可能である。また、全国の学校で実施しているオンラインのしくみや工夫などをまとめて、最適化されたオンライン授業とは何かを探っていく取り組みも有効であろう。

私学教育でも改革が行われている。ＥＳＮ英語教育研究会（総合代表　久保敦）では、全国の私学のほぼ全ての科目の先生１０００人近くと情報交換しており、英語だけでなく英語で他科目を指導する試みや教材分析なども行っている。こうした試みが増えていけば、真の意味の教育改革が行われて、教育現場が変わり、教師や生徒の意識も劇的に変わっていくのかもしれない。コロナ禍でマイナス面だけを見ることなく、どうやったらプラスに出来るか、教育関係者全体で考えていく時代に入っている。

Topics 5 遠隔指導と遠隔診療

数年前、都内の某大手塾で双方向の「遠隔指導」と「遠隔診療」についての説明があった。遠隔指導はいくつか出ていたので物珍しくなかったが、遠隔診療については初めて聞く内容だった。その中で「遠隔診療による予防医学」という内容があり、興味をそそられた。患者の手首等にセンサーを取り付け、24時間ずっと脈や血糖値などを測定する。何か不安なことがあれば、双方向のテレビ電話で担当医師と話をしたり、その場で必要な数値を測定する。薬などは宅配で翌日届く。

遠隔指導は、映像授業の配信からオンデマンド型やオンライン指導に進化し、5G時代を迎えて、スマホやタブレットでも双方向のテレビ電話システムが使えるようになった。かつて動きがスムーズでなかった画像も飛躍的にクリアになり動きも速い。

教育も医療もデジタル化で格段の進化を遂げている。

これから教育ICT化はどのような進化をしていくのだろうか？　今回のコロナ禍では、前年のインフルエンザ対策でZoomを実験的に取り入れた塾がほとんど問題なくオンラインに切り替えることが出来た。これからはリアルとオンラインの「二刀流」が業界のスタンダードになると言われている。

Chapter 6

業界用語大辞典

「言葉を制する者は人を制する」

AI・デジタル教育コンテンツ業界大辞典

その意味を知れば知るほど、教育の未来が見えてくる

　AI・デジタル教育コンテンツに関する技術は、日進月歩だ。そのために年々、新しい用語が誕生している。同じような機能を持つツールでも提供する企業によって「サービス」「アプリ」「システム」「ツール」「プラットフォーム」というように用語が違う。たとえば、ある企業は「eラーニングシステム」と呼んでいるが、ある企業は「デジタル学習教材」と位置づけている。

　そこでこの辞典では、なるべく用語を統一し、読者の方々にわかりやすく伝えることをめざした。その用語に関連するツールやサービスなどに関しては文末に「注」として「※『○○○○』参照」と追記している。

　こうした教育コンテンツ用語の意味を知れば知るほど、教育現場の課題と未来が見えてくるはずだ。最先端の技術のもと、新しい学びで育った子どもたちの限りない可能性に期待が膨らんでいる。

あ行

iOS（アイオーエス）　アメリカのApple（アップル）社が開発したiPhoneなど携帯機器用のオペレーティングシステム。

※「OS（オーエス）」参照

ＩｏＴ（アイオーティー）　「モノのインターネット（Ｉｎｔｅｒｎｅｔ ｏｆ Ｔｈｉｎｇｓ）」の略。人を介さずに家電やクルマなどあらゆる「モノ」がインターネットに接続すること。たとえば、スマートフォンに入れたアプリによって、離れた場所から照明やエアコンを操作するといったことが「ＩｏＴ」によってもたらされている。「テレビをつけて」と呼びかけると、家電に命令してスイッチをつけるスマートスピーカーもＩｏＴの技術を応用している。今後、この技術はさらに進歩して、私たちの生活を大きく変えていくと期待される。

※「ソサイエティ５・０」参照

ＩＣＴ　「Ｉｎｆｏｒｍａｔｉｏｎ ａｎｄ Ｃｏｍｍｕｎｉｃａｔｉｏｎ Ｔｅｃｈｎｏｌｏｇｙ」の略語で、情報通信技術のこと。生徒全員にタブレット端末などを配ったり、電子黒板やプロジェクターを導入したりするなど、教育業界では積極的に取り入れられている。特に私立の中高一貫校の授業を見ると、あらゆる教科で生徒の机の上にｉＰａｄなどのタブレット端末が置

生徒との対話をさらに増やし、絆と強めるためにもICT教育は不可欠だ。

いてあることがわかる。また、電子黒板やタブレット端末などを「ICTツール」と呼び、これらを活用した教育活動を「ICT教育」と呼ぶ。2020年、新型コロナウイルスの感染防止対策によって休校となった学校や塾では、「ICTツール」によって、オンラインによる遠隔授業を推進していった。

IT　「Information Technology」の略。「情報技術」のことで、コンピュータやインターネット、携帯電話など、情報処理や通信に関する技術を示す。最近では同じような意味で「ICT」を使う方が一般的である。なお、「ICT」には「コミュニケーション」の要素が含まれている。

IT導入補助金　中小企業や小規模事業者などが自社の課題やニーズに合ったITツールを導入する経費の一部を補助する制度。学習塾もその対象となり、この制度を利用して教育支援アプリなどのICT教材を導入する塾も増えている。補助金額は30万円から450万円。経済産業省監督のもと、一般社団法人サービスデザイン推進協議会が事務局の業務を運用している。

iPad（アイパッド）　アメリカのアップル（Apple）社が開発した、カメラを内蔵したタブレット型の薄型コンピュータ。2010年1月に製品発表された。液晶のディスプレイを指で操作するマルチタッチスクリーンを搭載。タッチだけですべての操作が簡単に行える。キーボードや専用のペンを使うことも可能。持ち運びにも便利で、私立の中高一貫校で盛んに導入されている。

アクティブ・ラーニング　「受動的な授業・学習」に対して、「積極的・能動的な授業・学習」のこと。ほとんどの小中高や大学などの教育機関で取り入れられている学習法。教員が一方的に講義をするのではなく、生徒が教員や他の生徒とコミュニケーションを図りながら、主体的に学べる授業などを指す。たとえば、あるテーマをもとに、教室内で生徒がグループでディスカッションやディベート、プレゼンテーションをして問題の正解や解決法を導き出すというものだ。このアクティブ・

ラーニングに欠かせないのが、タブレット端末や電子黒板、プロジェクターなどICTツールである。画像や動画を使いながら楽しく授業に参加でき、手を上げて発言するのが苦手な生徒でもタブレット端末などで自分の意見を書き込み、他の生徒たちと情報を共有できるからだ。

アダプティブ・ラーニング　生徒一人ひとりに合わせた学習法。個人に最適な課題を提示することで、より効率的な学習の実現をするものだ。この学習法をAIによって可能にしたのがeラーニングシステムの「モノグサ」や「atama＋（アタマプラス）」である。

※「モノグサ」「atama＋」参照

アダプティブ・ラーニングを実現した、解いて憶える記憶アプリ「モノグサ」。

atama＋（アタマプラス）　atama plus㈱が開発したeラーニングシステム。生徒によって得意な箇所、伸びる箇所、つまずく箇所などが違う。こうしたデータをAIがすくい上げ、一人ひとりに合ったレッスンをさせる。たとえば、二次方程式を理解するには、一次方程式はもちろん、小学校の時に習った少数や分数の知識が必要だ。それらが抜けていると、二次方程式の授業を何度受けても理解できない。そこで、二次方程式がわからない生徒のどこに抜けがあるのかをAIが計算。抜けている箇所を勉強させるようにするシステムだ。

※「eラーニング」参照

アプリケーション　OS上にインストールして利用す

るソフトウェア全般のこと。「アプリ」と略されることが多い。また、正式に「アプリケーションソフトウエア」と呼ばれることもある。PCやスマートフォンやタブレット端末を使って作業をする時は、必ず何らかのアプリケーションを起動している。教育現場では「ロイロノート・スクール」や「Classi（クラッシー）」などの教育支援アプリが導入されている。

※「ロイロノート・スクール」「Classi」「ソフトウェア」参照

Android（アンドロイド） アメリカのGoogle（グーグル）社がスマートフォンを始めとする携帯機器用に開発したオペレーティングシステム。

※「OS」参照

ESD 「Education for Sustainable Development」の略。「持続可能な開発のための教育」と訳されている。環境、貧困、人権など、現代社会は様々な課題を抱えている。こうした課題を自らの問題として捉え、身近なところから取り組むことにより、これらの解決につながる新たな価値観や行動を生み出し、持続可能な社会を創造していくことをめざす学習や活動のこと。SDGsとともに中学やアクティブ・ラーニングのテーマとして取り上げる学校も多い。

※「SDGs（エスディージーズ）」参照

eラーニング インターネットを活用した学習方法。PCやスマートフォンやタブレット端末を使っていつでもどこでも授業や講義が受けられるというメリットがある。それを実現するシステムが「eラーニングシステム」である。このシステムを用いた教材を「デジタル教材」とも呼ぶ。

インターネット出願 受験する中学や高校や大学などの出願手続きをスマートフォンやタブレット端末などで行うシステム。「WEB出願」とも呼ばれ、導入する学校が年々増えてきている。学校のホームページにある申し込みフォームに必要事項を入力して送信。指定日までに受験料の振り込みを行い、必要書類を送付すれば出願完了となる。受験生や保護者にとって願書を請求する手間が省け、時間を選ばずに手続きができる。

EdTech（エドテック）「Education（教育）」と「Technology（テクノロジー）」を組み合わせた造語。テクノロジーを用いて教育を支援するサービスのこと。eラーニングをさらに進化させた教育方法だ。オンラインによって時間や場所を選ばずに授業が受けられること、双方向型の授業によって、教員と生徒とのコミュニケーションが促進されること、学習管理の効率化が図れること、低価格でサービスが受けられることなどのメリットがある。

EdTech（エドテック）導入補助金　EdTechを導入する事業者にその費用の一部を補助する制度。経済産業省が推進している。

※「IT導入補助金」参照

SDGs（エスディージーズ）「Sustainable Development Goals」の略。2030年までに世界で達成すべき環境や開発に関する17の国際目標で「持続可能な開発目標」と訳されている。「1・貧困をなくそう」「2・飢餓をゼロに」「3・すべての人に健康と福祉を」「4・質の高い教育をみんなに」などがその目標だ。アクティブ・ラーニング型の授業のテーマに使用されることが多い。

※「ESD」参照

LMS「Learning Management System」の略。eラーニング管理システムとして、教材の作成から配布、回収、採点、管理まで、授業運営の効率化を図るツール。生徒一人ひとりの学習の進捗状況などを一元管理し、理解度に応じた問題を出題して学力の向上に貢献する。「教育支援アプリ」も「LMS」といえる。

※「eラーニング」参照

OS「オペレーティングシステム」の略。人間が操作した内容をアプリケーションに伝える役目を果たすシステムのこと。PCでいえば、WindowsがO

Ｓのひとつである。

※「ｉＯＳ（アイオーエス）」「Ａｎｄｒｏｉｄ（アンドロイド）」参照

オンライン英会話　オンライン授業によってマンツーマンでネイティブスピーカーの講師から英会話のレッスンを受けられるサービス。フィリピンのセブ島の講師が担当するオンライン英会話が、講師の質の高さや親しみやすさ、時差がないことから多くの私立校で導入されている。

※「オンライン授業」参照

オンライン授業　インターネットに接続されたＰＣやタブレット端末を使って、教員が授業を行い、生徒が自分の部屋などでその授業を受ける形態。「リモート授業」とも呼ばれる。ビデオ会議アプリのＺｏｏｍ（ズーム）などを使って教員が授業をリアルタイムで配信するライブ授業と、学生が好きな時に受講できるオンデマンド授業がある。新型コロナウイルスの感染防止対策として学校や塾などが休校になったため、急速に普及していった。アプリによっては課題を回収したり、チャット機能を使って質問に答えるなど意見交換をしたりもできる。

※「Ｚｏｏｍ（ズーム）」参照

オンライン自習室　ビデオ会議アプリによって、オンライン上に再現された自習室のこと。ＰＣなどのディスプレイには参加した生徒の姿が勉強に励む姿が映し出される。その姿を目にした生徒が互いに存在を感じることで自習室のように集中でき、切磋琢磨できる。新型コロナウイルスによる休校によって学校や塾で普及していった。

オンラインストレージサービス　クラウドによって、文書や写真や動画や音声などのデータを安全に保管・共有できるサービス。保管したデータは、ＰＣやスマートフォンやタブレット端末などで開き、編集することができる。

※「クラウド」「Ｄｒｏｐｂｏｘ（ドロップボックス）」「Ｇｏｏｇｌｅ（グーグル）ドライブ」参照

オンライン文化祭　新型コロナウイルスの感染防止対策から2020年度の文化祭や学園祭が中止となった学校が多かった。そうした高校や大学の多くがオンラインで文化祭や学園祭を行ったのである。たとえば、高校なら学校のホームページにクラス全員で踊ったダンスの動画を掲載するなど、各校が創意工夫をしてオンライン文化祭を成功させている。

コロナ渦によって、塾や学校では、デジタル教材が急速に普及していった。

オンライン面接　ビデオ会議アプリを用いたオンラインの面接。新型コロナウイルスの影響によって、多くの大学の総合型選抜（旧AO入試）、学校推薦型選抜（旧推薦入試）が、試験会場に足を運ばずに、この方式で面接を行えるようになっている。

か行

学校バージョン3・0　文部科学省が2018年に「ソサイエティ5・0」に向けた新時代の学びとして発表したもの。「学校バージョン」の「1・0」は「勉強」の時代であり、知識を正確に記憶する基礎学力や忍耐強さが要求された。一方、「2・0」は「学習」の時代だ。「対話的・主体的で深い学び」が求められ、2021年の大学入試改革はこの「2・0」に位置する。「3・0」はここから一歩踏み出した「学び」の時代だ。「文章や情報を正確に読み解き対話する力」「科学的に思考・吟味

ICTツールだけに頼るのではなく、教育現場では、紙に書くことも大切にしている。

し活用する力」「価値を見つけ出す感性と力」「好奇心・探求心の育成」といったAIにはできない力を重視した学校教育である。
※「ソサイエティ5・0」参照

GIGA（ギガ）スクール構想　2019年12月に文部科学省が打ち出した計画。「GIGA」とは「Global and Innovation Gateway for All」の略である、「多様な子どもたちを誰一人取り残すことなく、公正に個別最適化され、資質・能力が一層確実に育成できる教育ICT環境を実現する」ために、創造性を育む教育を全国の学校現場で持続的に実現させることを目的にしたもの。国公私立の小・中・特別支援学校などに学習用のPCを1人1台配布することなどが掲げられている。

教育支援アプリ　※「eラーニング」「LMS」参照

協働学習　グループワークにより、情報やアイデアを共有したり、意見を交わし合ったりして課題を解決する学び。論理的な思考力とともに、コミュニケーション能力やプレゼンテーション能力も養われる。ICTの進化によって、様々なスタイルの協働学習が可能になった。
※「アクティブ・ラーニング」参照

Google Classroom（グーグル・クラスルーム）　アメリカのGoogle（グーグル）社が教育現場に向けて提供しているサービス「G Suite for Education」のひとつ。無料の教育支援アプリで、教員と生徒をつなぎ、課題の作成から配布、採点までがオンラインでできる。

Google ドライブ　Google（グーグル）社が提供する15GBまで無料で使えるオンラインストレージサービス。教材などのデータを安全に保管し、PCやスマートフォンやタブレット端末で開いたり、編集したりすることができる。
※「クラウド」「Dropbox（ドロップボックス）」参照

Google Meet（グーグル・ミート）　Google（グーグル）社が開発したビデオ会議アプリ。Zoom（ズーム）やMicrosoft Teams（マイクロソフト・チームス）とともにオンライン授業やオンラインセミナーなどで活用されている。
※「Zoom」「Microsoft Teams」参照

クラウド　コンピュータが提供するサービスを、利用者がインターネットを経由して手元のPCやスマートフォンなどで使えるシステム。「クラウド」とは「雲」を意味し、空に浮かぶ雲の中にあるコンピュータを地上から利用しているイメージため、こう呼ばれる。「クラウド・コンピューティング」ともいう。「Dropbox（ドロップボックス）」や「Google（グーグル）ドライブ」などデータをネット上に保存できるオンラインストレージサービスや、Gmailなどのメールサービスも、クラウドのひとつである。
※「Googleドライブ」「Dropbox」参照

Classi（クラッシー）　㈱ソフトバンクグループとベネッセホールディングスの合弁会社Classi㈱が提供する教育支援アプリ。教育のICT化を多角的にサポートし、全国の多くの高校で利用されている。

Chromebook（クロームブック）　アメリカのGoogle（グーグル）社製のノートPC。起動時間が速く、100万以上のアプリが使え、持ち運びに便利なことが特長だ。タブレット端末と違い、キーボードが備わっているため、キーボード入力を重視する学校に導入されている。

ゲーミフィケーション　ゲームの要素をゲームでない分野に取り入れること。教育の分野では、問題を解いていくとキャラクターのレベルが上がり、冒険にチャレンジするように学習を進めることができるサービスがある。最近では、英会話やプログラミング教育に使用されることが多い。

※「プログラミング教育」参照

Surface（サーフェス）　アメリカのMicrosoft（マイクロソフト）社製のPC。ノートPCとタブレットの機能を兼ね備えている。専用のタッチペンで手書きメモやイラスト作成もできる。私立の中高一貫校で導入され、大学生にも人気だ。

G Suite for Education（ジー・スイート・フォー・エデュケーション）　Google（グーグル）社の教育支援サービス。登録は無料で、Googleのアカウントを持っていれば、Google Classroom（グーグル・クラスルーム）やGoogle meet（グーグル・ミート）が使用できる。

書画カメラ　教科書や資料など平面の被写体をビデオカメラで撮影する装置。被写体はプロジェクターなどに映し出すことができる。動きのある立体物をあらゆ

英語の４技能が重視される今、英会話のレッスンにICTツールは欠かせない。

る角度から撮影できるため、学校などの教育現場では昆虫や植物の観察にも用いられている。

新学習指導要領　学習指導要領とは、文部科学省が定める教育課程（カリキュラム）の基準のこと。この学習指導要領は、社会のニーズに合わせて約10年ごとに改定されている。２０２０年度から、この改定が小学校から始まった。ＡＩの進化など予測困難な時代にあっても、社会の変化に対応して生き抜くために必要な資質・能力を備えた子どもたちを育むためだ。この資質・能力とは「知識・技能」「思考力・判断力・表現力等」「学びに向かう力、人間性など」の３つの柱で構成されている。新学習指導要領は、中学校では２０２１年度から全面導入され、高校では２０２２年度の入学生から実施される。

※「シンギュラリティ」「総合的な探究の時間」参照。

シンギュラリティ（Ｓｉｎｇｕｌａｒｉｔｙ）　英語で「特異点」を意味し、ＡＩ（人工知能）が人類の知能を超え、人間の生活が大きく変わるとされる時点（特異点）

大学入学共通テストの問題を作成する大学入試センター（東京都目黒区）。

のこと。アメリカの人工知能の世界的な権威であるレイ・カーツワイル博士が2005年に提唱し、著書の中で、その特異点に2045年には到達すると述べた。
※「非認知スキル」参照

Zoom（ズーム）　PCやスマートフォンを使って、セミナーやミーティングをオンラインで開催するために開発されたビデオ会議アプリ。アメリカのZoom Video Communications（ズーム・ビデオ・コミュニケーションズ）社が提供し、オンライン授業で活用されている。

スタディサプリ　㈱リクルートマーケティングパートナーズが運営するeラーニングシステム。なお、同社はこのシステム（アプリ）を「インターネット予備校」と呼んでいる。対象は小・中・高校生から大学受験生、社会人まで。低価格で中・高・大学受験に必要な5教科8科目の質の高い授業動画が見放題となる。利用者は、PCやスマートフォン、タブレット端末で視聴でき、英検やTOEIC、公務員試験対策用の動画も用意されている。

Studyplus（スタディプラス）　スタディプラス㈱が提供する学習管理プラットフォーム。勉強の記録を行い、他のユーザーとその記録を始めとする情報を共有できる。勉強仲間をつくってお互いに励まし合うことで、モチベーションを維持向上できるのだ。大学受験生の3人に1人が利用している。

STEM（ステム）教育　「Science，Technology，Engineering and Mathematics」すなわち科学・技術・工学・数学の教育分野を総称する語。これら4つの力を育成し、IT社会とグローバル社会に適応した国際競争力を持った人材を多く生み出そうとする21世紀型の教育である。近年ではSTEMに芸術（Arts）のAを加えたSTEAM教育が推進されている。

すらら　㈱すららネットが提供しているeラーニングシステム。ゲーム感覚で学習できる対話型アニメーション教材で、対象年齢は小・中・高校生まで。アダプティブ・ラーニングの要素も取り入れられている。教員や保護者が生徒の学習進捗状況を把握できることも特長だ。

※「ゲーミフィケーション」「アダプティブ・ラーニング」参照

総合的な探究の時間　学習指導要領の改定により、2022年度から高等学校の「総合的な学習の時間」が「総合的な探究の時間」に変わる。変化の激しい社会に対応できるように、自ら課題を見つけ、自ら主体的に考え、問題を解決する能力を育てるために創設された。情報収集や情報分析力も養うことも目的であり、そのためにも、ICTツールを自在に使いこなせる力が必要とされる。

※「新学習指導要領」参照

双方向授業　教員が一方的に授業を進める従来の授業と違い、教員と生徒が、また、生徒同士が対話しながら授業を進める形態のことである。この授業スタイルは、教員と生徒が情報を共有したり、生徒の考えや意見を瞬時に知ったりできるタブレット端末などの機能で可能になった。生徒がタブレット端末で入力した答

で可能になった。生徒がタブレット端末で入力した答えを電子黒板に映し出し、全員で議論することもできるからだ。オンライン授業でもビデオ会議アプリを使えばリアルタイムで双方向授業を展開できる。

※「オンライン授業」「ビデオ会議アプリ」参照

ソサイエティ5・0　2018年に内閣府が提唱した、日本がめざすべき姿。「ソサイエティ」の「1・0」を狩猟社会、「2・0」を農耕社会、「3・0」を工業社会、「4・0」を情報化社会と位置づけている。これらに続く「5・0」は超スマート社会だ。それはサイバー空間（仮想空間）とフィジカル空間（現実空間）を高度に融合させたシステムにより、経済発展と社会的課題の解決を両立する人間中心の新しい社会。そこではIoTですべての人とモノがつながり、様々な知識や情報が共有されるという。たとえば、ドローンが荷物を届け、AIを搭載した冷蔵庫が料理のレシピを提案し、PCで医師の診断が受けられ、自動車やバスが自動運転で走行している社会だ。

※「IoT（アイオーティー）」「学校バージョン3・0」参照

ソフトウエア　コンピュータを動かすプログラムのことで、オペレーティングシステムであるOSとアプリケーションソフトウエアの2つに大別することができる。アプリケーションソフトウエアは略して「アプリ」や「アプリケーション」と呼ばれている。AI・デジタル教育コンテンツ業界で「ソフトウェア」といった場合、「アプリケーション」を指すことが多い。

※「アプリケーション」参照。

た行

大学入学共通テスト　※「大学入試改革」参照

大学入試改革　予測不能な時代を生き抜く人材を育てるため、2021年からスタートした。改革のひとつが大学入試センター試験の廃止だ。これに代わり、同年1月には国公立大学や私立大学の受験者に向けて大学入学共通テストが実施された。従来通り、テストは

東京大学でも2016年から学校推薦型選抜（旧推薦入試）がスタートした。

マークシート方式だが、「知識・技能」とともに、学力の3要素とされる「思考力・判断力・表現力」をさらに重視した問題へと改善される。大きく変わるのは英語の問題だ。社会のグローバル化に伴い、英語の4技能の習得が重要視され、リスニング問題の占める割合が大きくなる。センター試験ではリスニングとリーディング（筆記）の比率が1対4であるのに対して、大学入学共通テストは1対1と同配点になる。

タブレット端末　iPadなど雑誌ほどの大きさの薄型軽量のPC。タッチパネルに指やペンでふれることで、ほとんどの操作ができる。Surface（サーフェス）のようにキーボードが付属しているPCを「タブレットPC」に分類することもある。
※「Surface」「タッチパネル」「端末」参照。

タッチパネル　指先や専用のペンで液晶画面に触れることで入力を行う装置。スマートフォンやタブレット端末に使用されている。

端末　情報端末のこと。ノートPCやデスクトップ型のPC、スマートフォンやタブレット型のPCの総称。

※「タブレット端末」参照

デジタル教科書　タブレット端末向けにつくられた教科書。2019年4月に文部科学省によって、この導入が制度化された。文部科学省では「紙の教科書の内容の全部をそのまま記録した電磁的記録である教材」と定義されている。

デジタル庁　行政のデジタル化を図るために、菅義偉首相が創設を掲げた省庁。2021年9月に新設されることが決定した。菅首相をトップにした組織で、職員には民間人も採用される予定である。

デバイス　PCやスマートフォンやタブレット端末、また、これらと接続して使う装置、さらにこれらの内部にある装置の総称。PCやスマートフォンのように単体でも機能する情報端末と、単体では使えず、これらに接続することで機能するキーボードやプリンターやマウスなどの周辺機器とに大別される。

電子黒板　デジタル機能を持つ黒板のこと。画像や動画の表示もでき、生徒は視覚的な理解を深めることができる。

Dropbox（ドロップボックス）　アメリカのDropbox社が提供するオンラインストレージサービス。

※「クラウド」参照

は行

反転授業　従来の授業形態を反転させた教育方式。これまでは授業中に教員や講師が生徒に教え、生徒は自宅で復習をしていた。一方、反転授業の場合、生徒はタブレット端末などを用いて、自宅で予習。授業では理解できなかった箇所を教員や講師に質問したり、生徒同士で意見を交換して学びを深めたりする。

rosoft Teams（マイクロソフト・チームス）」
※「Google Meet（グーグル・ミート）」参照。

非認知スキル　学力やIQ（知能指数）と違って、測定や数値化ができない能力のこと。コミュニケーション能力や粘り強さ、自己肯定感や共感力、思いやりなどを指す。AIが進化し、多くの仕事を奪うと懸念される予測不可能な社会の中で、AIが持っていないこの非認知スキルが重要視されている。
※「シンギュラリティ」参照

5G（ファイブジー）　第5世代移動通信システム。高速・大容量のため、高速で大きなデータの迅速な送受信が可能になり、ICT教育に果たす役割も大いに期待される。

プラットフォーム　ソフトウェアが動作するための土台として機能する部分のこと。Windowsという OSを動かすためのプラットフォームがPCやタブレット端末である。
※「OS」「ソフトウェア」参照

プログラミング教育　学習指導要領の改定により、情報活用能力を持った人材の育成を目的として、小中高で必修化される。コンピュータのプログラミングを学ぶことで、論理的な思考力を養う。新たな教科が設けられるわけでなく、算数や理科などの教科やクラブ活動の中で、プログラミング的思考を養う。

PBL　「Problem based Learning」の略で、「問題（課題）解決型学習」と訳される。自ら問題を発見し、問題解決する過程の中で知識や経験を得ていく学習方法のこと。
※「アクティブ・ラーニング」参照

ま行

Microsoft Teams（マイクロソフト・チームス）　アメリカのMicrosoft（マイクロソフト）社が提供するビデオ会議アプリ。

ソフト）社が提供するビデオ会議アプリ。
※「ビデオ会議アプリ」参照

学びエイド　3万6900本以上（2021年3月1日現在）の動画で、中高の全範囲が受講できるオンライン映像授業サービス。「学生たちに生の授業を超えた、最高の映像授業を届けたい」という志のもと、日本中の大手予備校講師100名以上が集まり、映像授業を届けている。

自分にあった“鉄人”講師が見つけられるオンライン映像授業サービスの「学びエイド」。

未来の教室　経済産業省がEdTech（エドテック）研究会とともに設置した教育改革に関する有識者会議。EdTechが世界の教育現場に変革をもたらしている事実を踏まえ、EdTechを活用して創造性や課題解決力を育み、個別最適化された新しい教育をいかに構築すべきかについて議論している。
※「EdTech」「EdTech導入補助金」参照

モノグサ　知識習得と記憶定着のためのeラーニングシステム。モノグサ㈱が提供する。AIが生徒一人ひとりの記憶状況から得意や不得意を把握。英単語や数式などを憶えるのに最適な問題を自動作成し、学習の個別最適化、定着度の可視化を実現する。

や行

YouTube（ユーチューブ）　アメリカのGoogle（グーグル）社が提供する世界最大の動画サービス。このYouTubeで動画をアップロードする

でオンライン授業では学校の教員や塾の講師が授業動画を撮影し、「限定公開」にして塾や学校のクラスの生徒に配信するケースも多い。この場合、ＵＲＬを知っている人のみ、ライブ配信の視聴が可能となる。

※「オンライン授業」参照

ら行

ルーター　学校や家庭で、ノートＰＣやタブレット端末などをインターネットにつなぐ装置。デスクトップＰＣなどとルーターをケーブルでつなぐ有線タイプと、Ｗｉ－Ｆｉを使う無線タイプがある。

※Ｗｉ－Ｆｉ（ワイファイ）参照

ＬＡＮ（ラン）　「Ｌｏｃａｌ Ａｒｅａ Ｎｅｔｗｏｒｋ」の略で、同じ敷地内や建物内などに構築されたネットワークのこと。

※「Ｗｉ－Ｆｉ」参照

ロイロノート・スクール　㈱ＬｏｉＬｏが開発した授業支援アプリ。授業中にインターネットを通して生徒同士が情報を共有しながら学習を行うことができる。一人ひとりの生徒がＰＣやタブレット端末を持ち、そこに示された課題に個人やグループで取り組み、その結果を提出する。提出された課題は生徒同士で、画面上で共有することもできる。

わ行

Ｗｉ－Ｆｉ（ワイファイ）　無線ＬＡＮのひとつ。教室内や校舎内でＰＣやタブレット端末が無線の電波によってインターネットに接続できるため、教育現場でＩＣＴを導入する際には、Ｗｉ－Ｆｉ環境を整える必要がある。

※「ＬＡＮ（ラン）」「ルーター」参照

Topics 6 AIによる自動運転

Googleが開発した囲碁AIプログラム「アルファ碁」は、5年計画の途中3年目で、全世界のトッププロを打ち負かし、二子を置かせるまでに強くなった。棋戦があればすべてタイトルを獲得してしまうという状況の中で、アルファ碁は実質的な引退をした。

元々GoogleのAIプログラム開発は、自動運転のためのものだと言われている。その目的を果たしたことで、今後は本格的な自動運転技術の開発と実証実験に専念するのかもしれない。

現在の最新の自動車の安全機能では、自動ブレーキや周囲のセンサーをはじめ、高速での自動運転もかなり進化しているが、保険の問題等のクリアが成されていないので、運転手が乗っていない完全自動運転の実験は限られた地域でしか可能になっていない。

今後は人とAIの共存状態がある程度続き、その後限られた環境で完全自動運転が導入されていくのかもしれない。

教育の世界では、かつてPCを使った学習システムが導入され進化したが、その後ロボットに代わった。最初はロボットに対して好奇心を持って接する生徒も次第に慣れていくと、もっと特別なものをロボットに求めるようになる。しかし、ロボットは備わったものしか生徒に与えられない。モチベーションや個々の計画はやはり人間の役割だ。だが、次第にロボットがAIに限りなく近い機能を発揮していくことだろう。その先に何があるのか? それは今学んでいる子どもたちが開発してくれるのかもしれない。

マイナビ刊「進化を続けるアルファ碁」洪道場編

Chapter 7

AI・デジタル教育コンテンツ関連の企業データ

【本書の企業データに関して】

本書に掲載している各社のデータは、弊社が独自に行ったアンケートや各社のホームページ等に公表されているデータを元に作成してあります。

モノグサ 株式会社

●**本社**：〒112-0004 東京都文京区後楽2-3-21 住友不動産飯田橋ビル5階
●**URL**：https://corp.monoxer.com/
●**e-mail**：info@monoxer.com
●**代表者**：竹内孝太朗(たけうちこうたろう)、畔柳圭佑(くろやなぎけいすけ)
●**創業**：2016年
●**従業員数**：(正社員) 22名
●**資本金**：5億4,000万円(資本準備金含む)
●**事業内容**：記憶のプラットフォームMonoxerの開発と運営
●**事業所**：東京都1拠点
●**職種**：総合職
●**勤務時間**：フレックスタイム制、専門業務型裁量労働制
●**休日休暇**：土日祝日休、年次有給休暇

○**採用実績と予定**：新卒・中途採用あり(通年)
○**採用試験科目**：面接※エンジニア、デザイナーは技術面接あり
○**資料請求先**：本社所在地に同じ
○**採用担当部署／担当者**：人事部／杉山 (HPの採用情報からご応募ください)

◉**先輩社員インタビュー**：

[事業開発] 世の中の様々な問題を解決できる製品を広めていく

世の中の様々な問題を解決できる製品を広めていくことに魅力を感じて入社しました。日々自分自身の成長と、営業組織を立ち上げる面白さを感じながら過ごしています。

[ソフトウェアエンジニア] アプリからサーバサイドまですべての開発に携われる

アプリからサーバサイドまですべての開発に携われることや、スキルの高い方々と一緒に働くことで自身のスキルアップに繋がると思い入社しました。想像していた以上にスキルの高い方々と開発でき毎日楽しく働けています。

[デザイナー] 各メンバーの機動力と学習欲の高さ、誠実さ

「人類の進歩に貢献する」という壮大な理想を達成しうるプロダクトだと感じ入社しました。各メンバーの機動力と学習欲の高さ、そして何より誠実さによって、会社とプロダクトが一歩一歩着実に前に進んでいることを日々実感しています。

[カスタマーサクセス・コーポレート] スケールの大きなビジョンと、優秀な仲間

スケールの大きなビジョンと、優秀な仲間とともに会社を大きくしていくチャレンジに惹かれ入社しました。分からないことに対して、みんなで議論しながら分からないなりに進んでいくリアリティがあり、日々生きているなと実感します。

株式会社 エムプランニング情報システム

●**本社**：〒105-0003 東京都港区西新橋1-9-1 ブロドリー西新橋4階　☎03-3519-6951　FAX03-3519-6952
●**URL**：https://www.mplanning-info.com/
●**e-mail**：mp-support@mplanning-info.com
●**代表者**：南 勲（みなみいさお）
●**創業**：2006年
●**法人設立**：2006年
●**従業員数（正社員）**：10名以下
●**資本金**：1,000万円
●**売上高**：非公開
●**事業内容**：塾・教育に関するシステム、ソフトウェアの開発並びに販売
●**事業所**：東京都港区西新橋1-9-1ブロドリー西新橋4階
●**職種**：営業、サポート、事務
●**初任給**：時期による
●**諸手当**：交通費等
●**賞与**：あり
●**勤務時間**：9：00-18：00
●**休日休暇**：土日祝日、お盆、年末年始
●**福利厚生**：各種社会保険　●**保養所**：なし　●**教育制度**：あり
●**女性待遇／女性の最高役職**：マネージャー

◉**ひと言わが社自慢**：

「学習塾業界長年の実績だからこそ、新しい価値を提供できるシステム会社」

弊社エムプランニング情報システムは、学習塾業界にて15年の実績があり、安定的なシステム稼働で評価をいただいております。

利用学習塾は全国に渡り、大規模から少人数教室までご活用いただけおります。

生徒情報管理や、授業科目等、データベースの基盤が整っているため、多くの学習塾運営にカバーできる機能が揃っており、このシステム1つで塾開業にも問題ありません。

コロナウィルス感染拡大の影響で生活様式が著しく変化する中、企業はより柔軟性を持ち、顧客に価値を与え続けなければならなりません。

学習塾だけでなくどの企業も、事業は継続性に意味、価値があると考えております。

継続的な安定稼働が基盤にあるからこそ、柔軟な発想が生まれ、その上に新しい価値、機能、方法が乗っかっていきます。

様々なご要望がある中、何が学習塾にとってメリットとなるのか。

システム開発のプロフェッショナルとして、アナログであった学習塾業界をデジタルトランスフォーメーションしていくミッションがあります。

我々エムプランニング情報システムは、今までの実績を活かしつつ、より便利にお使いいただけるよう、進化を続けられる会社であります。

株式会社 プログラぶっく

●**本社**：〒171-0022 東京都豊島区南池袋2丁目33-7 MDKビル2階　☎03-6868-3412
●**URL**：https://prograbook.com/
●**e-mail**：aoki@prograbook.com
●**代表者**：飛坐賢一
●**法人設立年**：2018年12月19日
●**従業員数（正社員）**：2名（役員）
●**資本金**：16,900（千円）
●**直近の売上高**：1,000（万円）
●**事業内容**：教育・IT開発

◉事業説明と目標

★プログラぶっくとは?

カード型プロクラミング学習システムのプログラぶっくは、学習する以前に必要な "覚える" ことを最低限にして、プログラミング学習が本来の目的としている "考える "力を伸ばすことに目指した教材です。

プログラぶっくではカードを並べて "プログラミング" を行いスマートフォンなどでそれを読み込み、動きを確認することで学びを進めていきます。

並べる動作は直感的でわかりやすくなっており、プログラぶっくでは誰でも簡単にプログラミング学習を始めることができます。

★プログラぶっくの特徴

①機器の操作が簡単ですぐに始められる

パソコンの操作など複雑な操作を覚える必要はありません。日常使用しているスマートフォンなどで、簡単に操作できます。

②目にやさしい

画面を凝視し続けることがないので目への負担が少ないです。

③プログラムを知らない方でも一緒に学べる、すぐ教えられる

操作など覚えることが少なく、課題も専門的な知識がなくても教えられるようになっています。

★プログラぶっくの概要と目標

プログラぶっくは、プログラミングを楽しみながら学べる教材を提案する会社。「プログラぶっく」を入口に、簡単で分かり易いプログラミング学習を提案します。対象は未就学児から小学校高学年、そして中学生も含みます。

指導するインストラクターは誰でも可能ですが、特に生徒の母親が子どもと一緒に学びながら指導力を習得し、資格取得をする流れも作られています。

株式会社 学びエイド

●**本社**：〒113-0033 東京都文京区本郷6-17-9 本郷綱ビル4階　☎03-6801-8521　FAX03-6801-8643
●**URL**：https://corp.manabi-aid.jp/
●**e-mail**：support@manabi-aid.jp
●**代表者**：廣政愁一（ひろまさしゅういち）
●**創業年**：2015年
●**従業員数（正社員）**：17名
●**資本金**：1.2億円
●**直近の売上高**：非公開
●**事業内容**：中学生・高校生を対象とした映像授業動画「学びエイド」の配信と、学習塾用映像授業及び学習管理システムの「学びエイドマスター」の運営
学びエイドは36,865本以上（2021年2月時点）の中学・高校全範囲の映像授業が受講し放題です
特に学習塾向けサービス「学びエイドマスター」は現在2,000教室以上で導入されています
●**事業所**：東京
●**職種**：営業・システム・マーケティング・コンテンツ・管理
●**初任給**：非公開
●**諸手当**：通勤手当
●**賞与**：非公開
●**30歳モデル賃金**：非公開
●**勤務時間**：10時～19時
●**休日休暇**：土日祝日、冬期休暇、夏期休暇、有給休暇他

◉学びエイド３つの特徴

■Point-01

『1コマ5分で知りたいことがすぐにわかる』


学びエイドの講義は1コマ5分。

これまでの生の講義の録画では板書を待つ時間、無駄話に大切な時間をとられてきました。

学びエイドの調査では90分の講義はおよそ23分に縮められることがわかりました。

■Point-02

『早送り・倍速・一時停止機能で学習効率があがる』


学びエイドの講義は顔が出ません。だから、「早送り」「倍速」「一時停止」に適しています。

聞きたいところだけ「早送り」。一度聞いた講義は「倍速」。板書を映したいときに「一時停止」。学びエイドの顔の出ない講義は、効率をあげるために必要なこの３つの機能に特化した講義となりました。

■Point-03

『中学・高校範囲を全網羅。100名以上の講師による豊富なコンテンツ』


「学生たちに生の授業を超えた、最高の映像授業を届けたい」という志のもと、日本中の大手予備校講師が垣根を超えて100名以上が集結しました。

学びエイドの鉄人講師は独自の厳正なる審査を通過した講師のみです。学びエイドの講義より、明快な解説はありません。たくさんの鉄人講師の中から、自分にあった先生を見つけられます。

有限会社 ソリューションゲート

●**本社**：〒116-0013 東京都荒川区西日暮里2-25-1 ステーションガーデンタワー808
☎03-6806-6400　FAX03-6737-1367
●**URL**：http://www.sgate.jp
●**e-mail**：suzuki@sgate.jp
●**代表者**：鈴木博文（すずき・ひろぶみ）
●**創業**：平成15年12月18日
●**法人設立**：平成15年12月18日
●**資本金**：1,500万円
●**事業内容**：各種教育コンテンツの企画・制作・販売
●**事業所**：本社と同じ
●**職種**：サービス業

◉**ひと言わが社自慢**：

弊社は、「教育」をキーワードにして各種教育コンテンツに取り組んでいる会社です。教育用動画制作においては、約15,000本の実績があり、内容の企画・執筆から撮影・編集まで一貫してできることを特長としています。扱う分野は、塾・学校関係が中心ですが、建設業・金融業関係も手掛けており、教育をキーワードにした内容であれば、職種に関係なく、企画からお請けすることができます。

2018年からは、ロボットが子供に勉強を教える先生ロボットの実現に取り組み、2020年6月に「ユニボ先生算数教室」をリリースすることができました。ロボットを補助的に使うのではなく、「ロボットが完全に学習内容を教え切る」ことを目標にして開発を継続しています。ユニボ先生は、非接触での学習指導が可能という点が注目され、テレビ、新聞、雑誌などでも取り上げられ注目されています。

今の段階でも、ユニボ先生だけで十分に先生の代わりとなって子供に勉強を教えることができますが、感情を認識し、これに基づいて子供と会話をし、さらに的確なアドバイスをできるようにするには、安価に利用できる今より進んだテクノロジーの登場が必要です。

子どもと自由会話をしながら友達のように付き合い、勉強の時には、良き先生となって子供に勉強を教えている様子を想像してみてください。それが、今から10年後だとしたら、不可能だと言えるでしょうか?

パーソナルコンピュータの父と呼ばれる、アラン・カーティス・ケイ氏の名言として、次の言葉があります。

「未来を予測する最善の方法は、それを発明することだ」

10年後は、ロボット先生があらゆる教育分野で活躍し、人の先生は人ならではの教育に力を注げるようになり、さらに、教育レベルの格差も少なくなるだろう、という弊社の予測を実現するために、夢を持って開発に取り組んでいます。

スタディプラス 株式会社

●**本社**：〒101-0062 東京都千代田区神田駿河台2-5-12 NMF駿河台ビル4階　☎050-1746-3342
●**URL**：https://info.studyplus.co.jp/
●**e-mail**：forschool@studyplus.jp
●**代表者**：廣瀬高志（ひろせ・たかし）
●**設立**：2010年
●**従業員数**：（正社員）69名
●**資本金**：1億円
●**売上高**：非公開
●**事業内容**：BtoC学習管理サービス「Studyplus」、BtoB学習管理サービス「StudyplusforSchool」、BtoC電子参考書サービス「PORTO」の企画・開発・運営
●**事務所**：本社のみ
●**職種**：エンジニア(iOS、Andoroid、サーバーサイド、フロントエンド、インフラ)、デザイナー、ディレクター、営業（一般企業、大学)、広告プランナー、カスタマーサクセス、管理部門他
●**初任給**：非公開
●**諸手当**：通勤手当
●**賞与**：無し
●**勤務時間**：完全フレックスタイム制（フレキシブルタイム有り）
●**休日休暇**：土日祝日、リフレッシュ休暇、年末年始休暇、有給休暇ほか
●**福利厚生**：書籍購入ほか
●**女性待遇**：ジェンダーによる待遇・役職の差はなし

○**採用実績と予定**：新卒の積極的採用は不実施
○**採用担当部署／担当者**：管理部　採用担当宛e-mail：recruit@studyplus.jp

◉先輩社員インタビュー

2018年入社／StudyplusforSchool事業部　カスタマーサクセス／20代中盤女性

クライアントである教育機関の先生方が「StudyplusforSchool」で何を実現したいかを把握し、さらにその先に導いていくこと。これが私たちカスタマーサクセスの役割だと思っています。

例えば、ライブ授業は行わず、コーチングを重視する教育機関が増えてきている一方で、どうやって生徒とのコミュニケーションを増やせばいいか悩んでいる先生方が大勢います。カスタマーサクセスは、StudyplusforSchoolの活用状況を頻繁にチェックし、先生方がつまずいていそうな時にそっと手を差し伸べて前に進めたり、時には直接会いに行ってじっくり課題解決のための提案をしています。

また、StudyplusforSchoolAwardという、最もご活用された先生方を表彰するイベントを毎年開催しており、既にご活用いただいている先生方と、これからご活用いただく、課題を抱えた先生方が出会えるコミュニティにもなっています。自社の利益だけではなく、教育産業全体に貢献することもとても大切にしている会社だと思います。

実は私、入社前までカスタマーサクセスの言葉の意味もよく知らなかったのです。入社して事業部が目指していることや、今回カスタマーサクセスという新たなポジションを立ち上げた理由を聞き、自分の役割や期待されていることがしっかり腹に落ちました。

また、取締役COO兼StudyplusforSchool事業部長の宮坂が「お客さんの想像を超えられないことはやらない」とよく言っているのですが、本当にそうだと思います。期待した効果だけだったら、「まぁ、このくらいのものだよね」で終わってしまいますが、期待以上であれば会社やサービスを好きになってもらえると実感しています。同じサービスでも、うまく活用できるかできないかで満足度はまったく違ってくるのです。サービスの価値を何倍にも高め、ファンを増やす、そんな意義のある仕事だと感じています！

株式会社 CLEAR

●**本社**：〒108−6022 東京都港区港南二丁目15番1号 品川インターシティA棟22階 ☎03-6425-8378
●**URL**：https://corp.clearnotebooks.com/
●**e-mail**：contact@clearnotebooks.com
●**代表者**：新井 豪一郎（あらい・ごういちろう）
●**法人設立**：2010年
●**資本金**：5億1,678万円
●**事業内容**：ノート共有プラットフォーム「Clear」、生徒募集サービス「MEETS」の開発と運営
●**事業所**：東京、バンコク（タイ）、台北（台湾）、ジャカルタ（インドネシア）
●**職種**：営業、マーケティング、エンジニア
●**勤務時間**：コアタイムフレックス制、1日8時間勤務、リモートワークあり
●**休日休暇**：土日祝日、年末年始休暇、慶弔休暇
●**福利厚生**：各種社会保険完備（雇用保険、労災保険、健康保険、厚生年金保険、全て加入）、フィットネスジム・スポーツ施設利用補助、通勤交通費支給
●**女性待遇／女性の最高役職**：監査役、シニアデザイナー

○**新卒採用形態**：面談、インターンシップなど
○**中途採用**：面談およびコードテスト（エンジニアのみ）など
○**資料請求先**：contact@clearnotebooks.com

◉**人事部のホンネ**：
【株式会社CLEARではこんな方が活躍してます！】
・成長意欲が高く、学ぶことに熱心な人
・主体的に仕事ができる人
・Userfirstで考え続ける人
・自分が正しいと思ったことを遠慮なく誰にでも伝えられる人
・Clearに共感し、一緒に世界を変えようと思ってくれる人
・賢いハードワーカー
テクノロジーの力で、多くの人の可能性を拓くことに興味のある人は一度話をしに来てください。

【このように仕事をしています】
★営業・マーケティング
営業・マーケティングの拠点は、東京、バンコク（タイ）、台北（台湾）、ジャカルタ（インドネシア）にあります。

エリア・国別のチームでマーケティングと事業開発の活動を行い、週に2回以上の頻度でエリア横断的に情報と知見を共有して、チーム全体で戦略をブラッシュアップし続けています。

活動の主役は各メンバーであり、主体性を発揮できる環境です。

事業目標は会社のミッションと直結する形でOKRを用いて設定し、KR（KPI）はチーム単位で追求しています。

意欲と主体性と成長意欲の高い集団なので、個人も事業も急速に成長しています。
★プロダクト開発
大きな流れはリーンスタートアップをベースに、小さなサイクルはアジャイルな開発プロセス（スクラム）で進めています。サービスの方向性を左右する決定の前にはユーザーさんにインタビューやアンケートも実施します。

プロダクト開発についての責任はCEOが担い（プロダクトオーナー）、開発の優先順位を決定します。ただし開発項目はプロダクトオーナーだけでなく、エンジニア、デザイナー、マーケティング担当者など全ての人が提案できる体制です。

開発項目はPivotalTrackerで管理し、1週間の開発サイクルの中で計画、実装、ふりかえりを行っています。ソースコードはGitHubで管理しており、原則として全てのコードがレビューを受けています。

株式会社 **メイツ**

●**本社**：〒169-0075 東京都新宿区高田馬場2丁目14-2 新陽ビル602　☎03-6233-8169　FAX03-6233-8170
●**塾名**：個別指導塾WAYS、進学塾メイツ　●**HP**：https://mates-edu.co.jp/　●**e-mail**：info@mates-edu.co.jp
●**代表者**：遠藤尚範　●**創業年**：2010年　●**法人設立**：2014年
●**従業員数（正社員）**：85名 ※2020年9月時点　●**資本金**：1,000万円　●**売上高**：非公開
●**事業内容**：教育系アプリケーションの開発及び販売、学習塾の運営
●**事業所**：下記よりご参照ください。
https://mates-edu.co.jp/company　https://ways-sch.jp/class　https://mates-sch.jp/office
●**職種**：塾講師・教室運営スタッフ　●**初任給**：月給20万円+学力給　●**30歳モデル賃金**：年収380万円／入社2年目
●**諸手当**：学力給月最大8万円、役職手当、子供手当、引っ越し手当、プロジェクト参画手当
●**賞与**：年2回（4月、10月）　●**勤務時間**：14：30〜21：30
●**休日休暇**：完全週休2日制（シフト制）、GW休暇、夏季休暇、年末年始休暇、有給休暇、慶弔休暇
●**福利厚生**：社会保険完備、健康診断・予防接種補助、資格取得補助制度、副業可
●**教育制度**：有。入社後研修やロープレ研修等　●**女性待遇／女性の最高役職**：特に制約はありません。

○**採用実績と予定**：過去三年間大卒男女計約50名
○**採用実績校**：東京大学、京都大学、早稲田大学、慶応大学、青山学院大学、明治大学、立教大学、中央大学、法政大学、関西大学、関西学院大学、同志社大学、立命館大学、武蔵野大学、東北大学、上智大学、国士舘大学、日本大学、学芸大学、etc.
○**新卒採用形態**：正社員雇用　○**中途採用**：正社員雇用
○**採用試験科目**：英語・数学・理科（※採用試験としては設けておりません。学力給として支給追加の判断要素として設けております。）
○**資料請求先**：本社に同じ　○**採用担当部署／担当者**：総務部採用担当／三枝　☎03-6233-8169

◉**ひと言わが社自慢：**

教育ベンチャーとして「教育×IT」を提供する企業です。「教育をアップデートする」を理念とし、常に教育を進化させることに取り組んでおります。その取り組みが評価されたこともあってか昨今では2020年にKDDI社とパートナーシップ契約を締結。新しいサービスを協業にてリリースする運びとなり、一方、自社開発アプリも2021年にリニューアルを行います。当社塾に関しては「生徒の成績を上げるためにはまずは講師の働き方から変えよう」とITを用いた効率化を図っており、残業時間も月に1時間しかない、という月が発生することもある環境を実現しております。

また現在、2024年の株式上場に向けて取り組んでいる最中にあります。2019年に14教室の新規開校を実現し教室数を倍に増やしたものが今期収益化、2020年は感染症の流行もありましたがその中でアプリの売上増加、販路拡大が可能となり、比較的安定して事業拡大が進められている状況になります。当然ながら、事業拡大とともに社員・アルバイトの増員も行っており、2019年は正社員講師だけでも30名の増員、2021年においては更なる成長を見越して25名の増員を行うスケジュールを組んでおります。設立しまだ8期目の若い会社ではありますが、近々社員数が100名を超えていくため、今以上に働きやすい会社、そして同時により進化した教育を世の中に提供する企業として業界を牽引する存在になっていくべく成長を続ける会社です。社風としては取り組んだ分だけ評価で返せるようにしているため社員の昇進・昇格も早く、最短で入社3ヶ月程度で教室長に任命された実績があります。ベンチャー企業ということもありますが、経営陣に比較的近い部分もあり、意思決定の早さも当社の強みの1つです。現場から提案された勉強法の改善案が即座に決定と実行へのプロセス策定が始まる等、教育を良くするためのチャレンジを推奨しています。

またさらに、集客に関しても社内にマーケティングチームがありWEB広告での集客であり、先方保護者からの問い合わせを元に入塾にご案内となります。従いまして例えば学校付近でチラシを配ったりするといったこともございません。

上場に向けて取り組む中、会社の成長と社員自身の成長、そして何より子供たちへの教育での貢献という面を一度に経験できる会社です。

株式会社 エデュケーショナルネットワーク

●**本社**：〒102-0071 東京都千代田区富士見二丁目11番11号　☎03-5275-2101（代）　FAX03-5275-2110
●**URL**：https://www.edu-network.jp
●**代表者**：取締役社長 二瓶嘉男(にへい・よしお)
●**法人設立**：平成15年5月12日
●**従業員数（正社員）**：279名(男子181名、女子98名　※出向社員・臨時従業員含まず。2020年12月31日現在)
●**資本金**：2億4,390万円
●**売上高**：100億円(2020年3月実績)
●**事業内容**：Z会グループのBtoBビジネスのコア企業として、教育機関（私立小・中・高校、大学や学習塾などの民間教育機関、自治体など）を支援するビジネスを展開。教材・テスト、事務用品の販売、私学の入試広報支援、教職員・講師に特化した人材紹介・派遣をはじめ多様な事業を行っている。
●**事業所**：東京・大阪・仙台・新潟・松本・久喜・さいたま・熊谷・千葉・神奈川・名古屋・松山・福岡・鹿児島
●**職種**：営業(提案型営業)
●**教育制度**：研修制度あり

○**資料請求先**：上記本社住所と同じ
○**採用担当部署／担当者**：上記本社の代表電話で担当部署へ

◉**企業説明**：
様々な教育事業に取り組んでいる。教材・文具についてニーズに合わせた開発・販売を行う。定例テスト対策サイトなど教材と連動した充実したツールを開発・営業する。入試をはじめ塾の関心の高い情報を提供する。保護者向けツールなど分かり易く便利な資料を提供する。教室運営において、必要となる設備やサービスなどの提案と提供を行う。
Z会グループの直営教室やグループの栄光ゼミナールの教材支援にとどまらず、塾・予備校業界全体について幅広く提案営業を続けている。

株式会社 リクルートホールディングス

●**本社**：〒100-6640 東京都千代田区丸の内1-9-2　☎03-6835-1111
●**ツール名**：スタディサプリ（studysapuri.jp）
●**URL**：https://recruit-holdings.co.jp/
●**代表者**：代表取締役社長兼CEO 峰岸真澄(みねぎし・ますみ)
●**創業**：1960年3月31日
●**法人設立**：1963年8月26日
●**従業員数（正社員）** 158名(2020年3月31日時点、以下同)
●**資本金**：400億円(2019年6月20日より)
●**売上高**：グループ連結売上高　2,399.4億円(2019年4月1日～2020年3月31日)
●**事業所**：グループ企業数366社(2020年3月31日)
●**事業内容**：

就職・進学・住宅・ヘアサロン・レストランなど、必要な情報を求める個人ユーザーと企業クライアントが出会う場を作り出し、より多くの最適なマッチングを実現することにより双方の満足を追求すること。これが、リクルートグループが創業より大切にしビジネスのエンジンとして活用してきたビジネスモデルです。このマッチングの仕組みをリボン結びの形になぞらえて図式化し「リボンモデル」と呼ぶようになりました。

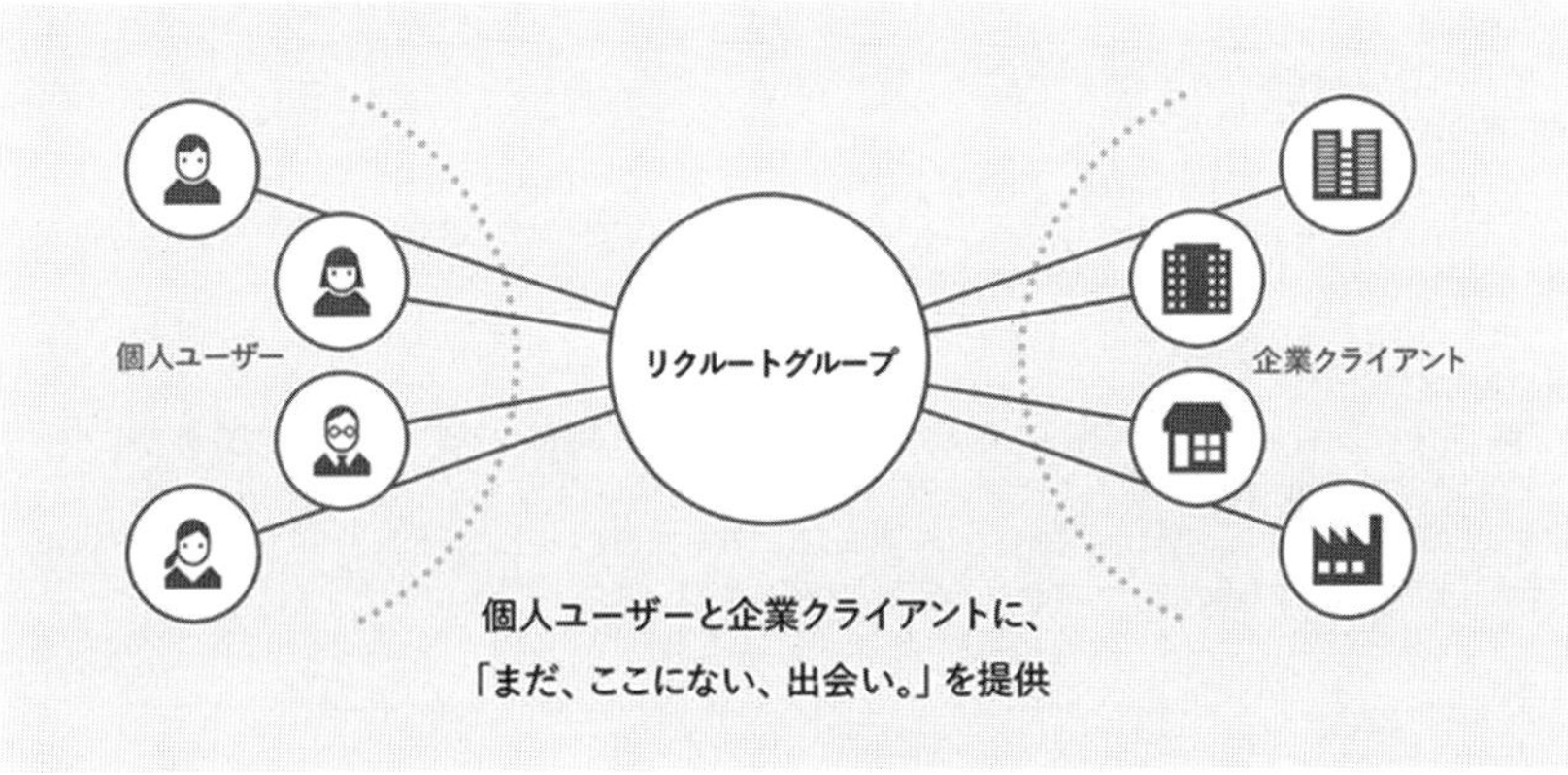

インターネットそしてスマートデバイスの普及により、膨大な量の情報に直接触れられるようになった今、より速く、シンプルに、もっと身近に誰もが最適なマッチングに出会えることの重要性が高まっています。リボンモデルもまた、テクノロジーを取り入れながら社会のニーズに応えるべく進化を続けていきます。リボンモデルの実践により「まだ、ここにない、出会い。」を創出し、一人ひとりが輝く豊かな世界の実現に貢献していきます。
(以上同社HPより抜粋)

株式会社 学研ホールディングス

●**本社**：〒141-8510 東京都品川区西五反田二丁目11番8号 アクセス　☎03-6431-1001（代表）
●**URL**：https://ghd.gakken.co.jp
●**代表者名（ふりがな）**：代表取締役社長 宮原博昭(みやはら・ひろあき)
●**法人設立**：1947年3月31日
●**従業員数（正社員）**：158名(2020年3月31日時点、以下同)
●**資本金**：18,357百万円
●**売上高**：143,564百万円　※2020年9月期（連結）
●**事業拠点**：(2019年10月現在)

本社・首都圏本部
〒141-8416 東京都品川区西五反田2-11-8
大阪本社
〒564-0063 大阪府吹田市江坂町1-23-101 大同生命江坂ビル11階
東北本部
〒980-0011 宮城県仙台市青葉区上杉1-4-10 庄建上杉ビル4F
中部本部
〒461-0004 愛知県名古屋市東区葵1-26-8 葵ビル9F
九州本部
〒812-0016 福岡県福岡市博多区博多駅南2-1-5 博多サンシティビル9F

●**事業内容**：
株式会社学研ホールディングスは、学習塾などの教育サービス、出版物の発行や保育用品などの製作販売、サービス付高齢者向け住宅や認知症グループホームなどの介護施設・子育て支援施設の運営等の事業を統括する持ち株会社。教材制作から学習塾運営など多彩な教育事業を行っている。

◉**企業理念**：

学研グループの役員・社員が共通して持つべき精神として、普遍の価値観である「グループ理念」のもと、向かうべき目標として「ブループビジョン」を制定し、日々の企業活動を展開しています。

「戦後の復興は教育をおいてほかにない」学研の歴史は、創業者古岡秀人の社会課題解決への強い信念から始まりました。その信念は今も私たち一人ひとりに受け継がれています。

学研グループはすべての人が心ゆたかに生きることを願い、今日の感動・満足・安心と明日への夢・希望を提供します。

すべての人が、自分の未知の可能性を発見する瞬間。社会が思い描く遥かな理想を、実現出来る場所です。私たちはそんな無数の「想像の先」を追求し続けます。

いま目の前にいる人の悩みや課題に寄り添い、心の中の小さな声や誰も知らない景色を想像すること。その願いを叶えるために時として常識を疑い、あらゆる知恵と情熱を結集すること。そして私たちは想像の先にあるものは新たな日常であると考えます。めまぐるしく変化する世界の中で、人々の生活になじみ、愛される、そんな次世代の「あたりまえ」をゼロから創っていく。それが私たちの願いであり使命です。

私たち学研グルーには、人の一生の灯火となるような、お金や数字で計れない無上の価値を創り続けるという変わらない思いがあります。

だからこそ、まだこの世界にない想像の先を、創造するたに、私たち学研グループは挑戦を続けます。

CREDIT

企画●千葉誠一
編集協力●黒木康孝
カバーデザイン●内山絵美（釣巻デザイン室）
ＤＴＰ●㈱ティーケー出版印刷

【監修者紹介】

千葉誠一（ちば・せいいち）

福島県伊達市出身。上智大学文学部卒。

山手ベイサイドオフィス主宰。

塾業界を経て、編集・出版会社に勤務。

多数の教材の執筆から編集・出版を手がける。

独立後は、教育業界を中心とした国内外の人的ネットワークを駆使し、フリーライターやエディターの協力も得て、連載記事の執筆をはじめ、社員研修、経営アドバイス、講演などを精力的に行っている。

現在、私学と私塾をつなぐ『私教育新聞』編集主幹。

「学びエイド」囲碁講座鉄人講師。

藤嶺学園中高「遊行塾」囲碁講座外部講師。

日本棋院普及指導員。学校囲碁指導員（五段）。


【著書】

『天声人語文章要約トレーニング』（TAC出版）
『就職試験一般常識トレーニング』（TAC出版）
『大研究シリーズ　学習塾業界大研究』（産学社）
などがある。

私教育新聞web
http://shikyoiku.net

【執筆者紹介】

黒木康孝（くろき・やすたか）

フリーライター。

1964年生まれ、東京都出身。

立教大学経済学部卒。

広告代理店、広告制作会社を経てフリーに。

教育関係から旅行関係まで幅広く執筆。

気象予報士。

AI・デジタル教育コンテンツ業界大研究

初版1刷発行●2021年4月20日

監修者
千葉誠一

発行者
薗部良徳

発行所
㈱産学社
〒101-0061 東京都千代田区神田三崎町2-20-7
Tel.03(6272)9313　Fax.03(3515)3660
http://sangakusha.jp

印刷所
㈱ティーケー出版印刷

ISBN 978-4-7825-3551-6　C0036